海上絲綢之路稀見文獻叢刊

增補華夷通商考

〔日〕西川如見 編著

文物出版社

圖書在版編目（CIP）數據

增補華夷通商考 : 漢、日 / （日）西川如見編著 .
-- 北京 : 文物出版社， 2020.5
（海上絲綢之路稀見文獻叢刊）
ISBN 978-7-5010-6508-0

Ⅰ. ①增… Ⅱ. ①西… Ⅲ. ①對外貿易－貿易史－日本－17世紀－漢、日 Ⅳ. ①F753.139

中國版本圖書館CIP數據核字（2020）第001072號

海上絲綢之路稀見文獻叢刊：增補華夷通商考

編　　著：（日）西川如見

策　　劃：北京博悦閣貿易有限公司
責任編輯：劉永海
封面設計：書心瞬意
責任印製：梁秋卉

出版發行：文物出版社有限公司
社　　址：北京市東直門内北小街2號樓
郵　　編：100007
網　　址：http://www.wenwu.com
郵　　箱：web@wenwu.com
經　　銷：新華書店
印　　刷：北京雍藝和文印刷有限公司
開　　本：787mm×1092mm　1/16
印　　張：21
版　　次：2020年5月第1版
印　　次：2020年5月第1次印刷
書　　號：ISBN 978-7-5010-6508-0
定　　價：880.00圓

出版説明

日本江户時代（一六〇三—一八六七），爲了控制和壟斷經濟，禁絶基督教的肆意傳播，維護幕府統治，德川幕府頒佈了一系列的鎖國令，嚴禁日本國民出海貿易，將完全依靠外來商船進行海外貿易區域限定在長崎一地，貿易對象爲中國、東南亞主要國家和地區，以及荷蘭等個别西方國家。長崎作爲當時日本官方指定開放給世界的『視牕』，成爲日本國内有識之士瞭解外部世界的關鍵通道。

在這樣的背景之下，一六九五年日本京都洛陽書林出版了《華夷通商考》，後又經過加工、增補，到一七〇八年出版了内容更爲全面豐富的五册五卷本

《增補華夷通商考》。這部江户時期的通商貿易著述，由長崎人氏西川如見輯著，被稱爲日本第一部外國地理志書。

本書作者西川如見（一六四八－一七二四），號求林齋，長崎人，是日本天文學家、地理學家。西川如見的家族自其祖父西川忠政開始定居長崎，其祖父有過多次出海貿易的經歷，更曾到達過東南亞的柬埔寨等地。據後世研究資料可以合理推測，西川如見在《增補華夷通商考》一書中的部分商貿情況記述可能直接來自其祖父的真實見聞。西川如見在長崎還擔任過『通詞』，這一職位實際上是受幕府指派，在日本與外國的貿易中充當翻譯官兼商務官的角色。書中内容多與海上貿易有關，當時來長崎的外國商船上有諸多日本商人與水手，西川積極與這些人來往，而他們帶來的航海知識、貿易見聞以及出海記録等資料都爲西川如見提供了作品素材。綜上，海商的家庭背景、西川的職位之便以及長崎特殊的地域環境因素都爲作者編撰《增補華夷通商考》創造了有利條件。

全書内容以海上貿易爲核心，從通商的角度記述中國、朝鮮、琉球，東南亞各國以及荷蘭等部分西方國家的風土、人口、物産、交通等情況。書中對外國商人往返日本的頻率，海上商路沿綫地區的物産，輸入日本的商品種類等都有較詳細的記録，甚至配有許多珍貴的插圖，主要包括中華十五省之略圖，地球萬國一覽圖，明朝、清朝人物圖，天竺及紅毛人物圖，南京船圖，福州船圖，赴外國船圖等木版圖畫。

事實上，一六九五年出版的《華夷通商考》祇有上下兩卷内容，而作爲補充完善的《增補華夷通商考》不僅在卷數上有所增加，更重要的是在第四、五卷中對部分歐洲、美洲國家以及亞洲内陸國家和地區的介紹。其中有關美洲的記載還使本書成爲日本第一部述及南美洲的文獻。需要指出的是，書中的系統記載，幾乎包括了完整的十七世紀東西方貿易商路。

過去學界多將《增補華夷通商考》作爲『江户時期日本出版的最早介紹西洋地理的地志』進行研究，但它却並非純粹的地理書籍。它從日本人的視角出發記録了十七世紀海上絲綢之路的商品貿易情況，在海上貿易史方面的史料價值也應引起學界重視。國内學者李文明在《日本〈華夷通商考〉及其增補本中的海上貿易》一文中指出，『在中日海上貿易方面，《華夷通商考》及增補本對中國内陸商人直接前往日本貿易、中國沿海港口距長崎航海里程都有系統記述，這是其他同時期文獻中所少有的』。可見，從日本人視角記録中日海上貿易情況的《增補華夷通商考》，是有關十七世紀海上絲綢之路的一份重要文獻。

本書根據日本寶永五年（一七〇八）出版的和刻本影印而成，相信能對我們瞭解、研究海上絲綢之路有所裨益。

目録

增補華夷通商考 …… 一

增補華夷通商考

增補華夷通商考

〔日〕西川如見 編著

本書五卷，據日本寶永五年（一七〇八）京都洛陽書林刻本影印。

増補華夷通商考

長崎西川求林齋輯

作例

一前《ゼン》書《シヨ》二冊《サツ》誰人《タレ》ノ梓ニ命ゼシ事ヲ不知《シラ》予《ヨカ》艸《サウ》稿《カウ》ニシテ他《タ》ノ爲《タメ》ニ所添《テン》削《サクセ》還《カヘツ》テ差《サ》謬《ロウ》甚《ハナハダ》多《シホ》ク又轉寫魚《ギヨ》魯《ロ》ノ誤《アヤマリ》不少《スクナカラ》今書《シヨ》林《リン》ノ求《モトメ》ニ依《ヨツ》テ予《ヨ》ガ定《テイ》本ヲ出《イダ》シテ是ヲ改《カイ》正《セイ》シ其不足《タラ》處《トコロ》ヲ増《ゾウ》益《エキ》シ且《カツ》

加《クハ》ハルニ圖《ト》畫《クワ》ヲ以ス都《スベ》テ五冊最《モツトモ》前書ニ勝《マサ》レル事遥《ハルカ》ナリ

一中《チウ》華《クワ》十五省戸《コ》數《スウ》口《コウ》數《スウ》前書ニ無レ之今記ス之

一華《クワ》夷《イ》諸《シヨ》國《コク》極《キヨク》星《セイ》ノ出地ノ度《ド》前書ニ闕《カケ》タル者多《オホ》シ今不足ヲ記《シルシ》テ學《ガク》者ノ用《ヨウ》ニ備《ソナ》フ但シ巻之五諸國ハ強《シイ》テ當《タウ》用《ヨウ》ニ非ス故ニ畧《リヤクス》之ヲ

一四季《キ》寒《カン》熱《ネツ》前書式《シカタ》多《オホ》シ今改《アラタム》之

一道規《ミチノリ》里程《リテイ》前書ニ差《タガフ》ル者アリ今改《ム》之

一土《ト》産《サン》ノ内《ウチ》前書ニ闕《カケ》タル物多シ今増《マス》之

一土《ト》産《サン》ノ内外《グワイ》夷《イ》ノ藥《ヤク》種《シユ》又ハ珍《チン》異《イ》ノ産《サン》物《ブツ》等《トウ》前書ニ其ノ仔《シ》細《サイ》ヲ註《チウ》スル事無《ナク》シテ其何《ナニ》タル物ト云事ヲ不レ知今其下ニ各《ヲノヽ》仔《シ》細《サイ》ヲ註《チウ》ス

一前書ニ華《クワ》夷《イ》ノ船《フネ》圖《ヅ》無レ之長《ナガ》崎《サキ》無《キ》ニ一覧《ラン》人ノ爲ニ圖《ズ》之并《ニ》其ノ船《フネ》式《シキ》等《トウ》ヲ記《シルス》

例

一異《カイ》人物《ジンブツ》ノ圖《ヅ》繁《ハン》多《タ》ナルガ故ニ不出之但長崎ニ來ル者唐人《タウジン》天竺《テンヂク》人紅毛《ヲランダ》人ノ圖《ヅ》ノミ出《ス》之其餘《ヨ》ノ蠻《バン》夷《イ》ノ人物《ジンブツ》準《ナゾロ》ヘテ可《キ》知者也

一前書國名文字ノ差《タガヒ》又ハ土産文字ノ謬《アヤマリ》等《トウ》悉《コトゴトク》改《ム》之其外《ホカ》改《カイ》補《ホ》增《ゾウ》益《エキ》不可枚《マイ》擧《キヨ》也

一土産ノ文字唐人所用日本ノ俗ニ疎キ物ハ本朝通用ノ文字ヲ書シテ俗ニ便リス或土

産又ハ國名唐韵盡クハ不附偶本朝ニ於テ唱來ル者ハ唐韵ヲ附ク況ヤ唐韵ニハ南京福州漳州等ノ不同有テ普クハ通シ難シ況ヤ日本ニ於テ俗用ニ踈シ故ニ和韵和訓ヲ要トス

一 外夷ノ國号文字幷土産ノ名夷語多シ唐人各國ノ字韵ヲ假用シテ飜譯ス故ニ無定字此等悉ク不能ハ委記スルヿ

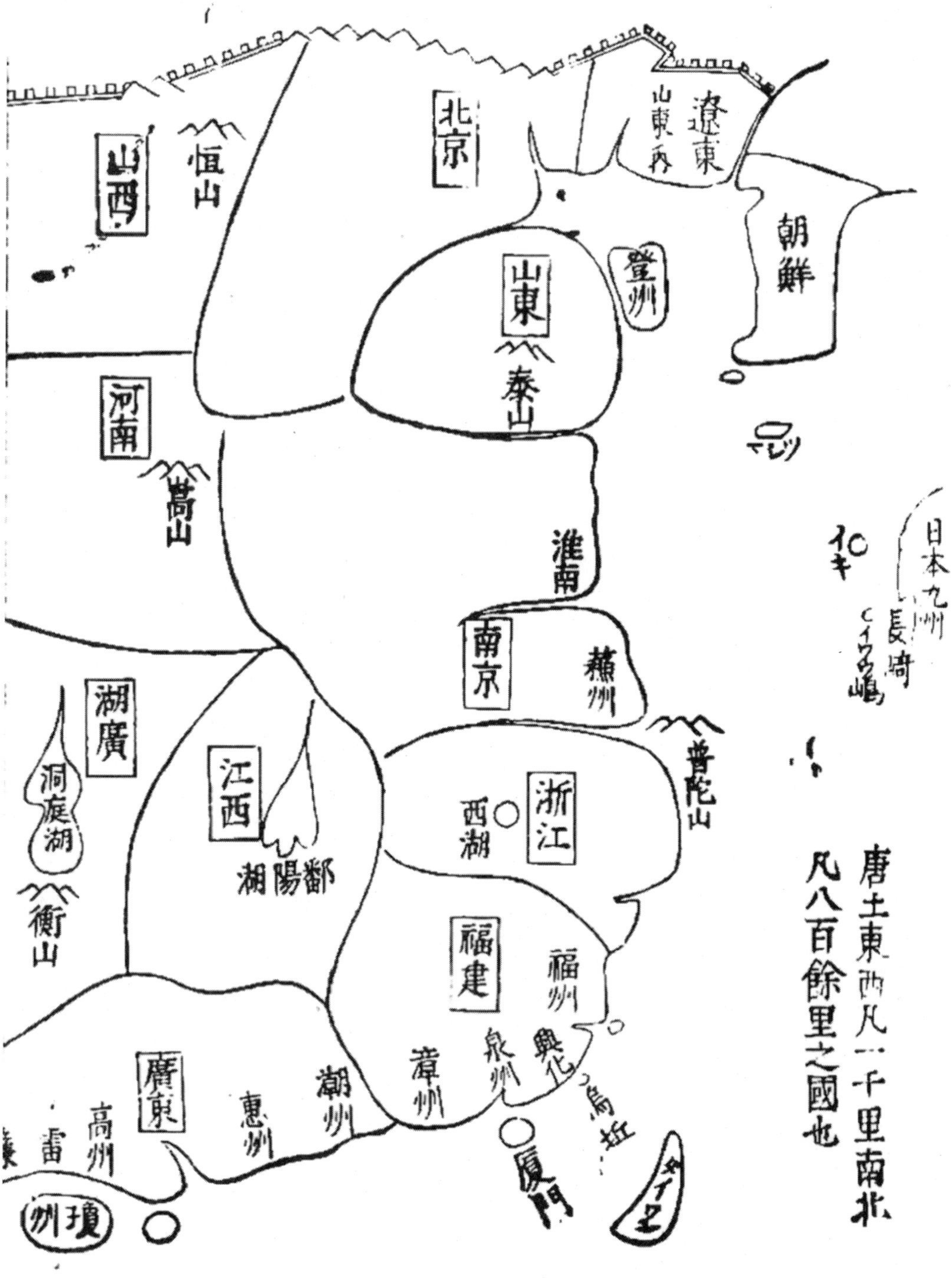
北京
山西
恒山
遼東
朝鮮
山東
登州
泰山
河南
嵩山
淮南
南京
蘇州
湖廣
洞庭湖
江西
鄱陽湖
浙江
西湖
普陀山
衡山
福建
福州
興化
泉州
漳州
潮州
廣東
惠州
高州
雷
瓊州
廈門
日本九州
長崎
唐土東西凡一千里南北凡八百餘里之國也

陽関
玉門
陝西
華山
四川
黄河源
星宿海
馬湖
貴州
雲南
廣西
鎮安
此路天竺諸國通
安南交趾之地
一ノ四

明朝人物像
中華十五省同
華夷通商考卷上
五

清朝人物像
今中華皆同于此

増補華夷通商考巻之一

中華十五省

二京

南京《ナンキン》省又ハ直隷ト

北京《ホツキン》省又ハ直隷ト

十三道

山東《サントン》省　山西《サンスイ》省　河南《カナン》省　陝西《センスイ》省　湖廣《コカン》省

江西省　浙江《チエツキヤン》省　福建《ホツケン》省　廣東《カントン》省　廣西《カンスイ》省

貴州《キシウ》《クイチウ》省　四川《シセン》《スチエン》省　雲南《ワンナン》《イン》省

己上是ヲ中華《クワ》十五省《セイ》ト云リ大明《ミン》太祖ノ時初テ十五省ニ分チ各國《コク》号《ゴウ》ヲ改定ム日《ニツ》本《ホン》正保《ホウ》ノ比《コロ》韃靼《タツタン》ヨリ大明ノ代ヲ亡《ボウ》シ大明國ノ号ヲ改メ大清《セイ》ト号ス今此号ヲ用ユ

右ノ國々道規方角《ハウカク》四季《シキ》風俗戸數土産等記之者也

官府《クワンフ》ト云ハ一國々々ノ都也今日本ニ國主《コクシユ》ノ

居所《キヨシヨ》ヲ城下《ジヤウカ》ト云ガ如シ日本ノ例《レイ》ニ隨《シタガツ》テ官府ヲ城下ト記ス

海上《カイジヤウ》道規《ダウキ》ハ日本三十六町一里《リ》ノ積《ツモ》リヲ以テ記ス之中華《チウクワ》外夷《グワイイ》共《トモ》ニ同前也日本ノ一里ハ唐土ノ六里半ニ相當《アタ》レル也口傳ニアリ

升尺ノ事中華ハ今時交易《カウエキ》ノ諸《シヨ》色《シキ》何レモ斤《キン》量《リヤウ》ヲ以テ賣《バイ》買《バイ》ス米《ベイ》穀《コク》ノ類《ルイ》ト云𪜈升《ゴス》ヲ用ル事無シ此故ニ長崎ニ來ル者升《ゴス》ヲ持《モチ》來《キタ》ル事ナシ

唯《タヾ》竹《チク》筒《トウ》如《コト》キノ器《ウツハモノ》ヲ以テ粮《ラウ》米《ベイ》ノ多《タ》少《セウ》ヲ量《ハカ》ル而已《ノミ》

彼レ今一外《ゴワ》ト号《ガウ》スルモノ凡《ヲヨソ》日本ノ五合《カ》弱ナル者ノ

歟《カ》又矩《キ》尺《レウ》ハ日本ノ矩《キ》尺《ヤウ》ニ同ジ但中華ノ尺ト

分ホド長《ナガ》キ事アリ根《コン》元《ゲン》相《アイ》同《ヲナジ》ト云𪜈兩地相

隔リテ其製《セイ》造《ザウ》自《シ》然《ゼン》ニ差生ズル者ノ歟《カ》此ノ外權《ケン》

衡《コウ》モ替《カ》リ無シ但シ其製《セイ》造《ザウ》ニ依《ゴ》テ僅《ハツカ》ニ差アル

者ナリ

南京《ナンキン》

春秋《シユンジウ》ノ呉《ゴ》國《コク》也古《イニシヘ》ハ金陵《キンレウ》ト云リ城下《ジヤウカ》ヲ應天府《ヲウテンフ》ト云唐《タウ》ノ時ニ江寧《カウネイ》ト云是《コレ》也唐主《タウド》第一之上國也今清朝《セイテウ》モ天子ノ親屬《シンゾク》ヲ以テ城主《ジヤウシユ》トス京城《ケイジヤウ》ノ周廻《シウクワイ》凡《ヲヨソ》日本道《ミチ》十七里ナル由《ヨシ》城内ノ宮《キウ》殿《デン》其美麗《ビレイ》ヲ盡《ツクシ》セリトゾ

道規《ミチノリ》日本ヨリ海上三百四十里方角《ハウガク》日本九

州《シウ》ノ正西《セイ》ニ當《アタ》ル南《ナン》京《キン》ヨリ北《ホク》京《キン》迄《マデ》ハ陸《リク》地《ヂ》凡四十
日程《ホド》有《アリ》之或《アルイハ》河《カワ》舟《フネ》ニテモ往《ワウ》來《ライ》ス今長《ナガ》崎《サキ》ニ来ル南《ナン》
京《キン》船《ブネ》ト云ハ此河《カワ》舟《フナ》ヲ直《スグ》ニ乗《ノリ》出《イ》シ来ル也此故ニ
舟ノ造《ツクリ》ヤウ底《ソコ》平《ヒラ》ク長《ナガ》キ也何《ヅ》方《タ》ヨリ吹《フク》風《カゼ》ニモ乗《ノル》
安《ヤス》ク無妨《サマタゲ》故ニ日本ニ來ル船《フネ》四《シ》季《キ》共《モ》ニ有之
國ノ四季《キ》日本九州ニ同シ雨《ウ》露《ロ》霜《サウ》雪《セツ》草《サウ》木《モク》鳥《テウ》
昌日本ニ不異《コトナラ》北《ホク》極《キヨク》星《セイ》地ヲ出ル事三十二度《ド》又ハ
極星地ヲ出ルト六八地ニ見エタル高サノ度也

三十二度《ト》ノ地ナリ
風俗禮法正《タヾシ》ク四民《シミン》ノ産業《サンゴフ》何モ日本ト不異《コトナラ》衣《イ》冠《クワン》ハ
今之清朝ニ改《アラタ》メラレテ韃靼《ダッタン》國ノ裝束《シヤウゾク》トナセリ頭
髪ハ廻リヲ剃《ソリ》テ中ニ少《スコ》シ殘《ノコ》シ三ツウチニ組《クミ》テ後
ヘサケ或綰子タルモアリ十五省共《トモ》ニ同前也今
長崎《ナガサキ》ニ來ル唐人《タウジン》ノ姿《スガタ》ハ皆《ミナ》北狄《ホクテキ》韃靼《ダッタン》ノ姿《スガタ》ニシテ
中華往古《ワウコ》ヨリノ風俗《フウゾク》ニ非《アラ》ズ詞《コトバ》十五省共《トモニ》此《コノ》國ノ

詞《コトバ》ヲ以《モツ》テ上トス日本ニテ山城《ヤマシロ》ノ詞ヲ上トスルガ如シ今日本ニテ讀《ヨミ》來《キタ》ル字《ジ》韻《ヰン》南《ナン》京《キン》同《ドウ》音ノ文字多シ唐《タウ》土《ト》ニテ詩ヲ謡《ウタ》フニモ此國ノ音律ヲ以テ本《モト》トス

南《ナン》京《キン》省ノ戸《コ》數《スウ》凡ソ一百九十七萬《バン》軒《ケン》人數《カズ》九百九十七萬人ト云此内皇《ワウ》都《ト》應《ヲウ》天《テン》府ノ戸數九萬軒

此國大國ニテ海《カイ》邊《ヘン》ニ津《ツ》湊《ミナト》多故ニ長崎ニ來ル船《フネ》

多シ日本萬治《マンヂ》寛文《クワンブン》ノ比《コロ》ヨリ日本渡海《トカイ》ノ義《ギ》ヲ大ニ禁制《キンセイ》セシカ共《トモ》今代《キンダイ》大清《タイセイ》一統《イツトウ》セシ故ニ日本ヘノ渡海宥免《ユウメン》セラレテ此《コノ》國ヨリ長崎ヘ來ル船并商人《シヤウニン》最《モツトモ》多シ

此國ノ内ヨリ長崎ヘ船《フネ》仕出《シイダ》シ來ル所《シヨ》と左《サ》ニ記《キ》ス

蘇州府《ソシウフ》

戸數《コスウ》凡《ヲヨソ》十六萬《マン》軒《ケン》ノ所ナル由《ヨシ》

古《イニシヘ》之姑蘇《コソ》ト云是《コレ》也城郭《シヤウクワク》民《ミン》家《カ》繁《ハン》榮《エイ》ノ地ニテ船《フネ》

仕《シ》立《タツ》ル所也日本ヨリ海上三千百里

松《シヤウ》《ソン》江《コウ》《キヤン》府《フ》　民《ミン》戸《ゴ》凡ソ八萬軒《ケン》餘《ヨ》ノ所也

是ノ所ヨリ應天府迄《マテ》凡ソ四十里河《カハ》舟《フネ》ニテモ往《ワウ》來《ライ》ス日本ヨリ海上三千百里

揚《ヤウ》《ヤン》州《シウ》《チウ》府《フ》　戸《コ》數《スウ》凡ソ四萬軒

日本ニテ古《イニシ》ヘ揚《ヤウ》州《シウ》ノ津《ツ》ト云バ是也今ハ其ノ繁《ハン》榮《エイ》

蘇《ソ》州《シウ》ニ不レ及《オヨバ》日本ヨリ海上ハ三千百二十里

常州府《シヤウシウフ》　戸數凡ソ六萬軒

周《シウ》泰伯《タイハク》ノ居所《キヨシヨ》也ト云リ蘓州《ソシウ》ノ並《ナラ》ビニテ楊州ニ
モ近《チカ》シ日本ヨリ海上三百里

崇明縣《ソウメイケン》《ソンミン》　蘓州ノ内ニテ狹《セ》キ所也南京河口《カハクチ》ノ嶋《シマ》
ナルヨシ日本ヨリ海上同前

淮安府《ワイアンフ》　戸數凡ソ三萬五千軒

揚州ノ北《キタ》山《サン》東《トウ》ニ近《チカ》キ所自《ヨ》リ日本海上三百五十里

鎮江府《チンコウフ》《チンキヤン》　戸數凡ソ二萬五千軒
楊州ノ南《ミナミ》也金《キン》山寺《ザンジ》此ノ所ニ有リ日本ヨリ海上三百里
應天府《ヲウテンフ》《ワンテン》　戸數凡ソ九萬軒
南京《トンキン》ノ城下《ジヤウカ》也海邊《カイヘン》ニ隔《ヘダヽ》レリト云ドモ大河《カ》海《ウミ》ニ續《ツヾキ》テ大船《セン》往來《ソウライ》不レ絶《タヘ》其ノ間四日路《ヂ》程《ホト》有レ之トゾ白ニ日本海上三百四十里

右ノ外少〻船《フネ》來ル所有之ト云𪜈當今稱ナル故ニ略《リヤク》ス又船《フネ》來ル事《コト》無《ナシ》ト云𪜈商人《アキンド》長崎ニ来ル所〻左ニ記ス

鳳陽府《ホウヤウフ》　安慶府《アンケイ》　太平府《タイヘー》　廬州府《ロシウ》　徽州府《キ》

廣德府　和州府《クワ》　徐州府《ジョ》　滁州府《ショ》　寧國府《ネイコク》

池州府《チ》　此外商人《シヤウニン》ノ在所《サイショ》少〻有之

土産《トサン》ハ織物《オリモノ》塗物《ヌリ》燒物《ヤキ》小間物《コマ》諸具《シヨグ》何《イヅ》レモ此ノ

國ヨリ出ルヲ上品《ヒン》トス

南京省土産

書籍　應天府
白絲　廣德
綾子《リンス》　蘇州
紗綾《サヤ》　同
縐紗《チリメン》　同

綾機　同
羅《ロ》　同
紗　同
紦《ハ》　同
閃緞《ドンス》　同

雲紵《ナンキンドンス》　同
錦《キ》　同
裏綃　同
金緞《キンイリ》　同
五絲《ムリヤウ》　同

柳條《チヤウ》　同
漳褐《トロメン》　應天府
紬《ツムギ》　廣德　蘇州
金入《リ》木綿　蘇州

縐紬　同
木綿　所々
綾《アヤ》木綿　蘇州
眞綿　廣德
綵綿　蘇州

布 邑之同上 絲線《ニガイ》 邑之應天 紙 邑之廬州池州安慶 書翰紙 邑之應天 墨 徽州
筆 寧國 扇子 邑之應天 箔 金銀同上 硯石 邑之徽州 線香 應天 針 邑之同
櫛《クシ》篦 邑之同 白袋 并香五同 造花 邑之同 茶《ツア》 上中下邑之常州廬州池州松江
茶瓶 土燒廣德 磁器《ツチヤキモノ》 土燒物也邑之同上 鑄物道具 應天 錫《スヾ》道具 邑之
道具 唐人ハ明器ヲ茶ノ道具ニ用ユ
象眼鐔《ゾウガンツバ》 邑之 塗物道具《ヌリ》 堆朱沈金 屈輪《グリ》 青貝 蒔繪 朱塗 已上應天府
光明朱 廬州 綠青 同 明礬 同 綠礬 同 紅豆《アカマメ》 所之 色赤ノ如シ
茯賣 應天蘓州 檳榔子 蘓州 栴檀 同 芍藥 揚州 黃精 滁州

何首烏 徐州 白朮 安慶 石斛 盧州 甘艸 同 海螵蛸《ホレイヌコ》 淮安

紫金錠《シキンデウ》 應天 蠎藥 蟬藥琥珀丸清心丸益母丸蘇合香丸 同 花石 徐州 脹子《ハリコ》人形 應天 穎州其外所々

角細《ツノ》工ノ物 同 色々 皮文庫《カハブンコ》 蘇州 縫《ヌイ》物 色々 應天 墨蹟 新古 同

繪 新古 同 古董 同 カラモノ道具〻古董古器古ニ畫ノ類ヲ都テ云唐韵ドウ 細用器《モノ》 器々 所々 雜種 色々 所々

右ノ外種々《シユ》雖有之不能盡記《アタハズコトゴトクシルス》雜種ノ內其所ノ

名物《メイブツ》カ或異類ノ珍キ雜種等ハ其出所ノ名ヲ

記《ス》スル者也並ノ雜種等ハ何方《イヅカタ》ニモ品々有之ガ

故ニ其一種〻〻ノ出所ヲ記スルニ不及ハ小《コ》間《マ》物《モノ》等モ同前也後《ノチ》準《ナラヘ》之

北京《ホツキン》省

王城ヲ順《ジユン》天《テン》府《フ》ト云戰《セン》國《ゴク》ノ燕《エン》之都《ミヤコ》也元《ゲン》朝《テウ》明《ミン》朝《テウ》都《ミヤコ》モ此所也今清《シン》朝《テウ》ノ帝王モ順天府ニ居《キヨ》ス東《ヒガシ》ハ朝《テウ》鮮《セン》ニ續《ツヾ》キ北《キタ》ハ韃《ダツ》靼《タン》ニ連《ツラナ》レリ最《モツトモ》要《ヨウ》害《ガイ》ノ地ナリ京《ケイ》城《ジヤウ》ハ周《シウ》廻《クワイ》日本道七里皇《クワウ》居《キヨ》宮《キウ》殿《デン》樓《ロウ》臺《ダイ》

美《ビ》盡《ツク》セリトソ

道規《ミチノリ》自リ日本凡ソ五百九十里方角《ハウガク》日本九州《キウシウ》ノ亥子《イネ》

ニ當《アタ》レリ唐土《タウド》東北《トウホク》ノ隅《スミ》ナリ南京ヨリハ北ニテ陸路《リクロ》

四十日程《ホド》ナリ海邊《カイヘン》ニ非《アラ》ザル故日本ニ船《フネ》仕《シ》出《イダ》ス

事《コト》ナシ

四季寒《カン》國《コク》也霜《シモ》雪《ユキ》多《オホ》シ北極《ホツキヨク》ノ地《チ》ヲ出ル事四十度《ド》

強《キヤウ》ノ國也

此國風俗《ゾク》人《ジン》物《ブツ》南《ナン》京《キン》人《ヒト》ニ同シ但寒《カン》國《コク》故裘《カハコロモ》ヲ用《ユ》ル者多シ詞《コトハ》南《ナン》京《キン》ニ同クレテ音《イン》律《リツ》少強《コハ》シ人品《ヒン》モ南京ヨリハ少《シ》豪《カウ》強《キヤウ》ニ見ユル

北京省戸數四十一萬九千軒人數三百四十五萬二千三百人　此内《ナイ》京《ケイ》師《シ》順《ジユン》天《テン》府《フ》ノ戸數十萬軒《ケン》餘《ヨ》

此國ヨリ船ハ不来ト云共商人《アキヒト》等此國ノ土《ド》産《サン》ヲ

携《タヅサ》ヘ南京出《タ》シノ船ヨリ長崎ヘ来ルナリ其商人《アキント》ノ
所ゞ如レ左

順《ジン》天《テン》府《フ》　保《ホウ》定《テイ》府　順《ジユン》德《トク》府　廣《クワウ》平《ヘイ》府　大《タイ》名《メイ》府
永《エイ》平《ヘイ》府　河《カ》澗《カン》府　保《ホウ》安《アン》府　延《エン》慶《ケイ》州《シウ》　眞《シン》定《テイ》府
萬《マン》全《セン》指《シ》揮《キ》使《シ》司《シ》　已上ノ所ゞヨリ商人日本ヘ来ル也

北京省土産

人参　永平　丹錫《スズ》　同　水晶　萬全　瑪瑙　同　磁石　同

大赭石 同　紙 邑々永平　瓷器《シキ》 順徳下品土燒物　玄精石 順徳　紫草 大名

紫班石 大名順徳　畫眉石 順天女人ノ眉造ル二用ル墨也　蟾酥 保定　榛實 延慶

綿梨 順天河澗　蔓荊子 河澗　芽種 同　銀魚 順天　襪褐《トロメン》 同南京ヨリ下品

半弓 同　細用器 同　蘗種 所々邑々

右ノ之外蘗《ヤク》種等《トウ》多有リ之ト云共上品ノミ記ス之ヲ

山東省《サントン》

城《ジヤウ》下《カ》ヲ濟《サイ》南《ナン》府《フ》ト云春《シユン》秋《ジウ》ノ魯《ロ》國《コク》也南方ハ南京ニ

續《ゾク》キ北《キタ》ハ北京《ホツキン》也東邊《トウヘン》ハ海《ウミ》ニ至テ大國也孔子《コウシ》ノ御《ゴ》生國《シヤウコク》ニシテ兗州《エンシウ》府《フ》ノ曲阜《キヨクフ》縣《ケン》ニ孔子大聖《タイセイ》ノ朝《ジヤウ》在リ常《ツネ》ニ參詣《サンケイ》ノ諸人羣集《グンジウ》ス孔里《コウリ》ト云テ民戸《ミンコ》一千軒《ゲン》有《リ》之又《タ》孔子ノ御《ゴ》舊《キウ》宅《タク》所《ドコ》林《ハヤシ》ト成《ナ》レリ今猶《ナヲ》諸《シヨ》鳥《テウ》巣《ス》ヲ造《ツク》ル事ナシトゾ又孔子ノ墓《ツカ》アリ孔林《コウリン》ト云ト何《イツ》レモ曲《キヨク》阜《フ》縣《ケン》也此《ノ》外《ホカ》古《コ》蹟《セキ》多《ヲホ》キ國ナリ五《ゴ》嶽《ガク》ノ内東《トウ》嶽《ガク》泰《タイ》山《サン》モ濟《サイ》南《ナン》府《フ》ニ在《リ》之

道《トウ》法自日本凡四百餘里計《ハカリ》方《ハウ》角《カク》日本ヨリ戌《イヌ》ノ方《ハウ》也

四季《シ》日本ノ五畿《コキ》内《ナイ》ヨリ少《スコシ》寒《サム》キ也北《ホツ》極《キタノヒトリボシ》地《チャ》ヲ出《イツ》ル事

北極ヲ出ルト云ハ地上ニ見ユル高サ也下皆倣之

三十六度ノ國也北邊《ヘン》ハ三十七八度《ト》ノ所《トコロ》モ有《アリ》之

風俗《フウゾク》人《ジン》物《ブツ》衣《イ》冠《クワン》南《ナン》京《キン》ニ同シ詞《コトハ》モ同前也少《シ》音《オン》律《リツ》ニ

不同アリ日本京都《キャウト》ト大坂《オホサカ》ノ詞《コトハ》ノ如《ゴト》シ

此《コノ》國戶《コ》數《スウ》凡七十《ソ》七萬軒《ケン》人《ニン》數《スウ》六百七十六萬人

此《コノ》内濟南府戶數七萬軒

此國ヨリ日本へ船《フネ》来《キタ》ル事《コト》稀《マレ》也此ノ國海邊《ヘン》登《トウ》州《シウ》ヨリハ船《フネ》仕《シ》立《タテ》来《キタ》リシ事有之商人《ニン》等《ラ》南《ナン》京出シノ船《フナ》ヨリ多《ホ》ク乗《ノリ》渡《ワタ》レリ商《アキ》人《ト》ノ所ニ如左ニ記

濟《サイ》南《ナン》府　兗州府　青州府　東《トウ》昌府　登《トウ》州府

萊《ライ》州府　遼東《トウ》都《ト》指《シ》揮使司

山東省土産

牛黄 青州 登州　人參 遼東　阿膠 兗州　枸杞子 東昌　棗 同

五味子 遼東 金杏 濟南 蒙頂茶 兗州府ノ蒙山ヨリ出ル者上品ナリ 河鮫《カハサメ》 登州

黄絲 濟南 紬 同 氆氌《トロメン》 同 眞綿 東昌 黄丹 青州 白礬 同

硯石 登州 五色石 萊州 石膏 登州 滑石 同 方竹 同 四角ナル竹

朴硝 青州 瓷器 下品ノ土焼 東昌 青鼠皮 遼東 貂鼠皮 同 膃肭臍《ヨツトセイ》 登州

茶 同 下品 蘗種色之 萊州ニ多有之 松實 遼東

山西省

此ノ外細物道具有リ之

城下ヲ太《タイ》原《ゲン》府《フ》ト云戰《セン》國《ゴク》趙ノ都《ミヤコ》春秋ノ晉《シン》國也
此《ノ》國ノ平《ヘイ》陽《ヤウ》府《フ》ハ堯《ゲウ》舜《シユン》ノ都《ミヤコ》也五《ゴ》嶽《ガク》ノ内北《ホク》嶽《ガク》恒
山《サン》モ大《タイ》同《トウ》府《フ》ニ在リ此《ノ》國ハ海《カイ》邊《ヘン》ニ遠《トヲ》キ國也太《タイ》
原《ゲン》府《フ》ノ五《ゴ》臺《タイ》山《サン》ハ文《モン》殊《ジユ》ノ靈《レイ》地《チ》ナリ
道《ミチ》規《ノリ》自日本凡《ヲヨソ》七百里方《ハウ》角《ガク》南《ナン》京《キン》ヨリ乾ノ方《ハウ》ニ相《アヒ》
當《アタ》リテ陸《リク》路《ヂ》三十日程《ホド》也最《モツトモ》大國也
四季寒《カン》國《コク》也此《ノ》國寒《カン》沍ノ地ナル故ニ民《ミン》俗《ゾク》常《ツネ》ニ蒜《ノビル》《ニンニク》ヲ

食ス故ニ人ノ匂《ニホヒ》悪《アシ》シ北極出地事三十八度ノ國也
風俗《フウゾク》人《ジン》物《ブツ》南京《ナンキン》ニ同《オナ》シ但少《スコシ》豪《ガウ》強《キヤウ》ニ見ユ衣服《イフク》衰多
詞《コトバ》南京ト同クシテ音律《オンリツ》強《ツヨ》シ日本京都ト東國ノ
詞《コトバ》ノ如シ

此國ノ戸數凡《ソ》五十九萬軒人數五百八萬四千
人此内太原《タイゲン》府《フ》ノ戸數十八萬軒也

此國海邊《カイヘン》ニ遠《トヲ》キ故《ユヘ》船《フネ》來《キタ》ル事ナシ商人等南京船《フネ》

ヨリ来《キタ》ル也商人ノ所ニ如シ左ノ

太原府《タイゲンフ》　平陽府《ヘイヤウ》　大同府《タイトウ》　潞安府《ロアン》　汾州府《フンシウ》

遼州府《レウシウ》　沁州府《シンシウ》　澤州府《タクシウ》

山西省土產

人參 太原 潞安　麝香 遼州　無名異 同　芽香《アヒヨン》 遼州 澤州 亦イ名　香皮《ヒヨンヒイ》 大同 亦ニキノカハ

石菖蒲 沁州　黄芪 同　甘草 汾州　石碌 大同 繪具　花班石 同

瑪瑙石 同 ナミキヌノタト云是ナリ　瓷器 太原　龍骨 平陽　黄鼠 大同　毛氈 太原

天花粉 太原

此外藥種所〻ニ有之

陝《ヤン》西《スイ》省

城下ヲ西《サイ》安《ア》府《フ》ト云周《シウ》秦《シン》漢《カン》晉《シン》唐《タウ》何《イツ》レモ此ノ國ニ都《ミヤコ》ス長安《チヤウアン》咸陽《カンヤウ》ナントヲ云モ西安府ノ内也西《セイ》嶽《ガク》華《クワ》山《サン》モ西安府ノ内華《クワ》陰《イン》縣《ケン》ニ有リ古《イニシヘ》ノ周《シウ》國《コク》ニテ終《シウ》南《ナン》山《サン》渭《イ》水《スイ》驪《リ》山鴻《コウ》門《モン》等《トウ》ノ名《メイ》山《サン》舊《キウ》蹟《セキ》最《モツトモ》多《オホ》シ文《ブ》王《ワウ》武《ブ》王《ワウ》ノ舊《キウ》蹟《セキ》同《オナジク》廟《ビヤウ》陵《ミサヽキ》等《トウ》皆《ミナ》在《リ》之

道規《タウキ》自日本凡八百餘里方角唐土《タウド》ノ西北隅ナリ
自南京陸路凡四十日程也其北西ノ二方ハ戎狄《ジウテキ》ノ
國ニ連《ツラナ》レル大國也
四季《キ》日本京畿《ケイキ》ノ氣候《キコウ》ニ同シ北極出地事三十五
度又三十六度ノ國也
風俗《フウゾク》人物《ブツ》南京ニ同シ衣冠《イクワン》同前也詞モ同クシテ少シ
差《タガ》ヘル處《トコロ》アリ日本太和《ヤマト》ト山城《ヤマシロ》ノ詞トノ如シ

此國ノ戸數三十八萬二千軒《ケン》人數三百九十二萬人此內西《サイ》安《アン》府《フ》ノ戸數三萬軒《ケン》

此國海《カイ》邊《ヘン》ニ遠《トヲ》ク商《シヤウ》人《ジン》等《ラ》土《ト》產《サン》ヲ携《タヅサ》ヘ南《ナン》京《キン》浙江《チエツキヤン》又ハ福《ホク》州《チウ》邊《ヘン》ニ出《イデ》テ日本ニ來《キタ》ル也商《アキ》人《ヒト》ノ所ニ如《ゴト》左ノ

西《セイ》安《アン》府《フ》　漢《カン》中《チウ》府　平《ヘイ》涼《リヤウ》府　河《カ》州《シウ》衛　鞏《キ》昌《シヤウ》府

臨《リン》洮《ヨウ》府　慶《ケイ》陽《ヤウ》府　延《エン》安《アン》府　寧《ネイ》夏《カ》衛《ヱイ》　洮《ヨウ》州《シウ》衛

鳳《ホウ》羚《レイ》府　岷《ミン》州《シウ》衛　靖《セイ》虜《リ》衛《ヱイ》　楡《ユ》林《リン》衛《ヱイ》　陝西行都司

陝西省土産

毛氈 西安 行都司　瑪瑙 同　石碌 同 繪具　熊膽 漢中 鞏昌　辰砂 同

水銀 同　麝香 同　紫河車 藥物 漢中　茶 同　烏蛇 鳳翔

雄黄 鞏昌 行都　天南星 西安　細辛 同　澤瀉 同　甘遂 同 藥種

石膽 同 藥物　鹿茸 漢中　蜂蜜 同　金紫艸 艸花類 慶陽　芎藭 鄜羚

秦艽 同　骨碎補 同　商陸 同　牡丹皮 西安　當歸 鞏昌

麥門冬 同　天門冬 同　天麻 漢中　石菖 同　乳香 同

海金沙 同 金紫柳 同 鞏昌 青木香 延安 枸杞子 寧夏

鉢ニ植テ愛スル柳也

甘松 臨洮 藕粉《グウフン》 西安 ハスノセン 石油 行都司 外科ニ用 蟾酥 慶陽 瓷器 平凉 土ヤキモノ

錦鷄 岷州 鸚鵡《インコ》 鳳翔 飛鼠《ヒス》 西安 豹皮 洮州

氂《リ》牛毛 赤魔黒魔ニスル毛也臨洮ヨリ出ル獣ノ毛ナリ不ル染ハ白魔也

右ノ外藥《ヤク》種《シユ》猶《ナヲ》多シ又雜《ザツ》品多シ唐土《ト》ニテ此國ノ馬ヲ以テ上トス諸國ノ馬ト同シカラスト也

河南省

城下ヲ開《ウイ》封《ホウ》府《フ》ト云戰《セン》國《コク》ノ魏《ギ》ノ都也伏《フク》羲神農ノ都モ此國ナリ南京ニ替《カハ》リナキ上國ナリ中《チウ》嶽《ガク》嵩《スウ》山《サン》モ河《カ》南《ナン》府《フ》ノ登《トウ》封《ホウ》縣《ケン》ニ有リ之其ノ外舊《キウ》蹟《セキ》多《オホ》キ國也

道《ミチ》規《ノリ》去《サル》日本ヲ凡五百餘里南《ナン》京《キン》ヨリ陸路《リクチ》二十日程《ホト》

方《ハウ》角《カク》南京ノ西《トリ》戌《イヌ》ノ方《ハウ》ニ當《アタ》レリ北極ノ出地事三十五度《ト》ノ國也四季《キ》日本京都《キヤウト》ニ同シ

人物《シンブツ》風俗《フウゾク》南京ニ同シ詞《コトバ》モ替《カハ》リナシ禮法《レイハフ》正キ國也

此國ノ戸數五十八萬九千三百軒《ケン》人數五百十

一萬人此内開封府《カイホウフ》ノ戸數九萬軒

此國海邊《カイヘン》ニ非《アラ》ザル故船來《フネキタル》事ナシ商人《アキヒト》等《ラ》南京船《フネ》

ヨリ多《オホク》乗《ノリ》渡《ワタ》ルナリ此國ヨリ長崎へ来ル商人ノ在

所如左

開《カイ》封《ホウ》府　汝《ジヨ》寧《ネイ》府　歸《キ》德《トク》府　衞《イ》輝《キ》府　彰《シヤウ》德《トク》府

河南府《ナン》　南陽府《ヤウ》　汝州府《ジョシウ》　懐慶府《クワイケイ》

河南省土産

牛黄　彰徳　磁石　同　艾《モクサ》　同　熊膽　河南　烏梅　同

牡丹皮　同　膽礬　同　麝香　同　鹿茸　同　又懐慶　地黄　懐慶

山藥　同　天門冬　同　紅花　開封　麻黄　同　遠志　同

漆　スロヲカヒロキモノ　同　半弓　同　石青　南陽　香橙《ヒヤンダウ》　同　佛手柑也　棗　同

白花蛇　同　緑毛龜　同　黄芪　汝寧　茶　同　碁石　同

藥種 懷慶汝寧ニ甚多不盡記 此外雜品《ザフヒン》猶多シ

湖《コ》廣《クワウ》省

城下ヲ武昌府《ジヤウフ》ト云春秋《シユンシウ》ノ楚國《ソコク》也三國ノ時ノ呉《ゴ》ノ都也洞庭湖《トウテイコ》モ此國ノ岳州《ガクシウ》ニ在リ風景《フウケイ》ノ境地多キ所也赤壁《ヘキ》モ此國也南岳衡《ナンガクコウ》山ハ衡州《コウシウ》府ニ在リ

道規《タウキ》自リ日本凡六百里南京ヲ去ル事凡二十日程

方角《ハウカク》南京ノ西ナリ 四季日本九州ノ氣候《キコウ》ニ同シ

北極出ル地事三十二度ト

此國ノ戶數五十三萬二千軒《ケン》人數四百八十二萬三千六百人此内武昌府戶數三萬軒

此國海邊ニ非ス商人共《トモ》南京《ナンキン》福州《ホクチウ》ノ船ヨリ長崎ヘ來ル也商人ノ所ゝ如レ左

武昌府　漢陽府　襄陽《ジヤウヤウ》府　德安《トクアン》府　黃州《クワウシウ》府

荊州府　嶽州府　長沙《チヤウシヤ》府　衡州《コウシウ》府　寶慶府

常徳《ジヤウトク》府　辰州《シンシウ》府　永州《エイシウ》府　承天《セウテン》府　靖《セイ》州府

鄖陽《ウンヤウ》府　永《チオ》天《テン》府　郴《シン》州府　施《セ》州衛

永順軍民《エイシユンクンミン》　保靖軍民《ホウセイクンミン》

湖廣省土產

茶 武昌 荊州　紙 同 又 衡州　水昌 武昌　白蠟 荊州　黄蠟 保靖

水銀 辰州 保靖　朱砂 辰州 長沙　海金沙 同　石青 承天 岳州　石綠 同

麝香 鄖陽　雷丸 同　石膏 同　葛布《クズヌノ》 靖州　五倍子 同

硯石 荊州　柑橘 同　梔子 同　貝母 同　芒硝 同

箭竹 同 矢ニ用ユ　方竹 岳州 四角竹　香橙《ブシユカン》 漢陽　班竹 同　銀杏 同

綿布 同　綿花《モメンワタ》 承天　漆 同　萆薢 同　黃精 襄陽

地榆 衡州　金稜藤 施州 「艸花ノ類　金星艸 同上 同　白艾 黃州　連翹 同

白花蛇 同　綠毛龜 同州　異蛇 永州　石燕 同　零陵香 同

萬年松 襄陽　錦雞 同 鄖陽　天鵞 漢陽　黑鸍 長沙　白鷴 施州

羚羊 同　野馬 同　降香 同 藥種　花猫 承天 「日本ノ三毛子ニ　鷦鴣鮓《ミサゴノスシ》 長沙

豺 保靖軍　豹 同　猿猴 同　熊 同　野猫 辰天六ナリ

右ノ外藥《ヤク》種《シユ》猶《ナヲ》多《オホ》シ已上ノ禽《キン》獸《シウ》ノ類《ルイ》ハ今時持渡《ワタ》ル事無之

江西《コウセイ》《キヤンスイ》省

城下ヲ南《ナン》昌《シヤウ》府《フ》ト云戰《セン》國《コク》楚《ソ》ノ地ナリ此國ノ饒《ニヨウ》州《シウ》府ニ鄱《ハン》陽《ヤウ》湖《コ》アリ又南《ナン》康《カウ》府《フ》ニ廬《ロ》山《サン》アリ九江《コウ》府《フ》ニ濂《レン》溪《ケイ》在リ周《シウ》茂《モ》叔《シユク》陶《タウ》淵《エン》明《メイ》ノ故《コ》蹟《セキ》多《オホ》シ名《メイ》所《シヨ》多キ

國也

道規《タツキ》日本ヲ去《サル》コト凡ソ五百餘里南京ヨリ十餘日程

西　四季《キ》日本九州ノ如ク少《スコシ》暖《アタヽ》カナリ

人《ジン》物《フツ》風《フウ》俗《ゾク》右ノ國ト同シ詞《コトバ》南京ニ同クシテ言《ゴン》音《オン》ニ

少異《イ》アリ

此國戸數一百三十六萬四千軒《ケン》人數六百五十

五萬人此内南《ナン》昌《シヤウ》府《フ》戸數八萬軒《ケン》

此國海邊《カイヘン》ニ非ス商人等南京福州ノ船ヨリ長崎ヘ来レリ商人ノ所ト如ニ左記ス

南昌府《ナンシヤウフ》　饒州府《ヨウシウ》　廣信府《クワウシン》　南康府《ナンカウ》　九江府《キウコウ》

建昌府《ケンシヤウ》　撫州府《ブ》　臨江府《リンコウ》　吉安府《キツアン》　瑞州府《ズイ》

袁州府《エン》　贛州府《カン》　南安府《ナンアン》

江西省土産

葛布　南康　吉安

茶　南昌　南康　饒州

瓷器　廣信　饒州

紙　廣信

金絲布《キンイリモメン》　建昌

水昌 吉安 廣信　石綠 瑞州　石青 同 繪具　石蜜 贛州　矢竹 同

班竹 同　綿 袁州　紵布 南昌 袁州　黃精 袁州　地黃 同

石耳 九江　雲母 同　玄參 同　石斛 南康 九江　紫草 吉安

仙茅 南安　茶磨《チヤウス》 同　金銀銅鐵錫鉛 所ノ山ヨリ出ル者也

此外藥種猶少ク有之

華夷通商考卷之一 終

増補華夷通商考巻之二

浙江省《セツコウセイ》《チヱツキヤン》

城《シヤウ》下ヲ杭《カウ》州《ジウ》府《フ》ト云春《シユン》秋《シウ》ノ時《トキ》越《ヱツ》ノ國也南京ニ同《オナ》ジキ上國《ジヤウコク》ナリ杭《カウ》州《シウ》府《フ》ニ西《セイ》湖《コ》在リ中《チウ》華《クハ》第《ダイ》一《イチ》ノ風《フウ》景《ケイ》ニテ繁《ハン》昌《ジヤウ》ノ地《チ》ナリ寺《ジ》院《ヰン》多《オホ》ク民《ミン》屋《ヲク》富《フ》饒《ゼウ》ノ所也

徑《キン》山《ザン》寺《ジ》モ此所ニ在リ

道《ダウ》規《ヤ》自日本海《カイ》上三百五十里 但《タヾシ》杭《カウ》州《シウ》府《フ》迄《マデ》 方角《ハウガク》南《ナン》京《キン》

南ニ陸路《リクロ》三千五六里ノ由《ヨシ》　四季《キ》日本九州《シウ》ニ同《ヲナジ》シ
北極《ホツキヨク》ノ出ル地《ヂ》事三十一度《ト》或《アルイハ》三十度《ト》ノ國也
人物《ブツ》風俗《ゾク》南京《ナンキン》ニ同シ詞《コトバ》南京ニ替《カハ》リナシ
此國ノ戸《コ》數《スウ》一百二十四萬二千軒《ケン》人《ジン》數《スウ》四百五
十二萬五千五百人此内杭《カウ》州《シウ》ノ戸數七萬軒
此國海邊《カイヘン》ニテ津《ツ》湊《ミナト》多《オホ》キ故《ユヘ》日本ニ船《フネ》仕《シ》立《タテ》來《キタ》ル事《コト》
最《モツトモ》多《オホ》シ今《イマ》時《ジ》船《フネ》仕《シ》出《イダ》シ來《キタ》ル所ノ如左記《シルス》

寧《チイ》波《ハ》府 唐音 ミンパウ

唐《タ》ノ代《ヨ》ニ明州ト号《ゴウ》ス古《イニシヘ》ヘ日本ヨリ渡《ト》唐《タウ》ノ船大《オホ》方《カタ》明州《ジウ》ノ津《ツ》ニ入タル由則《ヨツテスナハチ》此《コノ》寧《チイ》波《ハ》ノ津《ツ》也唐《タウ》土《ド》第一ノ善《ヨキ》湊《ミナト》ニテ長崎《サキ》ヘ来《キタ》ル船《フネ》荷《ニ》物《モツ》ヲ調《トヽノ》ヘ順《ジユン》風《フウ》ヲ候ツニ勝《カツ》手能《ヨキ》所ナル故《ユヘ》諸《シヨ》方《ハウ》ノ船《フネ》皆《ミナ》寧《ネイ》波《ハ》ニ来テ此ニテ天氣《キ》ヲ窺《ウカヾヒ》テ長崎《サキ》ニ来《キタ》ル也

四明《メイ》山《サン》モ寧波府ニ在リ

道規《ミチノリ》日本ヨリ海上三百里　戸《コ》數《スウ》凡《ヲヨソ》六萬軒《ケン》

台州府《タイシウフ》　此所ヨリ出ス船《フネ》モ皆《ミナ》寧波《ニンハ》ニ来テ天氣ヲ候《マツ》テ長崎ヘ渡《ワタ》ル也天台《テンタイ》山此所ニ在リ赤城《セキジヤウ》山モアリトソ

道規海上日本ヨリ三百二十里　戸數三萬軒

温州府《ウンシウフ》　台州同前ノ所也毎《マイ》年長崎ヘ船《フネ》仕出《シイダ》ス處《トコロ》也

道規日本ヨリ海上三百二十里

戸數ハ同前

杭《コウ》州《シウ》府《フ》　即《スナハチ》浙《セツ》江《コウ》國《コク》ノ城《ジヤウ》下ニテノ毎年長崎へ舟来ル也　道規戸數前ニ記スル如シ船《フネ》ハ川《カウ》湊《ミナト》ヨリ乗《ノリ》出ストゾ

舟《レウ》山《サン》ヂウサント《キタレリ》唱ヘ寧《子イ》波《ハ》府《フ》ノ内也古《イニシヘ》ハ蓬《ホウ》莱《ライ》山ト云ル由《ヨシ》島《シマ》山《サン》ニテ少《チイサ》キ所ナリ今時ハ此ノ所ヨリ船仕《シ》出ス事ナシ

道規長崎迄《マテ》海上二百五十里

普《フ》陀《ダ》山《サン》　寧波府ノ内定《テイ》海《カイ》縣《ケン》ニ在ル島《シマ》也補《フ》陀《ダ》

巻二　一〇三

落《ラ》迦《キヤ》山ト号ス又ハ梅《バイ》岑《シン》山《ザン》𪜈云観《クワン》音《オン》ノ霊《レイ》地《チ》ニテ寺アリ出《シユツ》家《ケ》而已《ノミ》居《キヨ》住《ヂウ》ス日本ノ僧《ソウ》慧《エ》蕚《ガク》ト云人《ヒト》開《カイ》基《キ》ナリトゾ日本ノ萬《マン》治《ヂ》寛《クハン》文《ブン》ノ比《コロ》日本渡《ト》海《カイ》ヲ禁《キン》制《ゼイ》セシ故《ユヘ》寧《子イ》波《ハ》其外《ホカ》所《シヨ》々《〳〵》ノ府《フ》城《ジヤウ》ヨリハ船仕《シ》出ス事叶《カナヒ》ヒ難《カタ》キ故《ユヘ》ニ舟《シウ》山《サン》普《フ》陀《ダ》山《サン》等《トウ》ノ小《コ》島《ジマ》ヨリ密《ミツ》ニ舟《フ子》仕《シ》出《イダ》シ来《キタ》リシ者《モノ》也

右ノ外船《フ子》仕出ス事ナシト云𪜈商《シヤウ》人《ニン》等《ラ》来ル所ゟ

嘉興府《カコツフ》　湖州府《コシウ》　金華府《キンクワ》　嚴州府　衢州府

處州府《チヨシウ》　紹興府《セウコウ》

浙江省土產

白絲　嘉興　湖州　縐紗《チリメン》　杭州　綾子《リンス》　同　綾機《サリン》　同　紗綾《サヤ》　同　溫州八品

雲綃《ナニチイトンス》　同　錦　同　金系布　同　葛布　寧波　金華　毛氊　同

綿　紹興　湖州　羅《ロ》　溫州　裏綃《ナンキンシヨ》　同　茶　嘉興　紹興　紙　嚴州　金華

竹紙　衢州　紹興　扇子　所乙　筆　湖州　墨　杭州　硯石　衢州

瓷器《ヤキモノ》 處州　茶碗藥《クスリ》 同　漆 嚴州　燕脂 杭州 紅粉ヲ製ス　方竹 台州

冬笋《モウソウ》《タケノコ》 杭州　南棗 金華　黄精 杭州　芡實 同　竹雞 金華

紅花　木犀《モクセイ》 寧波　附子 同　藥種 杭州 湖州 甚多シ

右ノ外細物《コモノ》雜品《サフヒン》猶《ナヲ》多《オホ》シ南京《ナンキン》土產《トサン》ニ相同シ

福建省《ホツケン》

城下ヲ福州府《ホクチウ》ト云古ノ南越《ナンエツ》也閩越《ミンエツ》ト云モ此ノ國也閩中《ミンチウ》閩州《ビンシウ》ト云モ皆《ミナ》福州府《ホツトウフ》ノ事ナリ福建《ホツケン》ハ海《カイ》

邊《ヘン》廣《ヒロ》キ國ナリ

道規《ミチノリ》日本ヨリ海上五百五十里 但シ福州迄《ミテ》南京ヨリ陸路《リクチ》三十日程

方角《ハウガク》唐土《タウト》巽《タツミ》ノ方《ハウ》ノ海端《ウミバタ》也日本ヨリ坤方《ヒツジサルノハウ》ニ當《アメ》レリ

北極《ホツキヨク》ノ出地《イヅルコ》事《ヲ》二十七度《ト》或ハ二十六度

四季《キ》日本九州ヨリハ暖《アタヽカ》ナリ此ノ國ノ夏《ナツ》ハ日本ノ暑氣《シヨキ》ヨリ最甚《モットモハナハダ》シ南《ナン》邊《ヘン》ノ所トハ皆《ミナ》溫暖《ヲンダン》ニテ冬《トウ》月ニモ雪《ユキ》降《フル》事《コト》稀《マレ》也

人《ニン》物《ブツ》風《フウ》俗《ゾク》南《ナン》京《キン》ヨリハ少《スコシ》鈍《ニブ》ク賤《イヤシ》ク見《ミ》ユ衣《イ》服《フク》ハ替《カワリ》無《ナ》シ詞《コトバ》此ノ國ノ口《クチ》ハ音《ヲン》律《リツ》諸《シヨ》國ト差《タガ》ヒテ通《ツウ》シ難《ガタ》シ南《ナン》京《キン》口《クチ》ト半《ハン》分《ブン》通《ツウ》ジ半分ハ不《ス》通《ツウセ》其ノ語《ゴ》音《イン》皆《ミナ》鼻《ハナ》ニ入テナニレル調《テウ》子《シ》也

此ノ國ノ戸《コ》數《スウ》五十一萬軒《ケン》人《ニン》數《スウ》一百八十二萬人此ノ内福《ホク》州《チウ》府《フ》ノ戸數五萬軒

此ノ國海《カイ》邊《ヘン》廣《ヒロ》キ故《ユヘ》所〻ヨリ長崎ニ來《キタ》ル船《フネ》多《オホ》シ船ノ造《ツク》リ樣《ヤウ》南京船ト別《ベツ》也奥《オク》ニ圖《ヅ》スルカ如《ゴト》シ逆風ニモ吹《フキ》

戻《モド》サレズ乗《ノリ》來《キタ》ル也南京舟福州舟ヨリ二四時《シ》ヲ不《ス》嫌《キラハ》
長崎ニ来ル者也船仕《シ》出《イダ》ス所ゝ如シ左ノ

福《ホク》州《チウ》府　右ニ記スル如シ城郭《ジヤウクワク》民屋《ミンヲク》繁榮《ハンヱイ》ノ所也
河湊《カハミナト》ヨリ舟《フネ》乗《ノリ》出《イダ》シ来《キタ》ル也道規《ドウキ》如シ右ニ記ス

泉《セン》州《シウ》府《フ》　近世《キンセイ》國姓爺《コクセンヤ》居住《キヨジウ》ノ城郭《ジヤウクワクアリ》在シ所也近《キン》
年《ネン》長崎ニ多《オホ》ク舟《フネ》仕《シ》出《イダ》ス所ナリ　道規《ドウキ》自リ日本海《カイ》
上五百七十里福《ホク》州《チウ》府《フ》ヨリ陸《リク》路二日程《ホド》西《ニシ》ナリ

戸數二萬五千

厦門《カモン》　泉《セン》州ノ内島《シマ》ナリ國《コク》姓《セン》爺《ヤ》又此島《シマ》ヲ開《ヒラキ》テ居城《キヨジヤウ》トス泉州ノ枝城《アダシロ》ナリ國姓爺ハ明朝《ミンテウ》ノ忠臣《チウシン》ニテ一度《ト》大明《タイミン》ノ代《ヨ》ヲ再興《サイコウ》セント思《オモフ》ノ意《コヽロ》有《アツ》テ厦門《カモン》ノ名《ナ》ヲ改《アラタ》メテ思明州《シミンシウ》ト号ス其後此所ヨリ臺灣《タイワン》ヲ攻取《セメトリ》テ阿蘭陀《ヲランダ》ヲ追落《オヒヲト》シタリ國姓爺《コクセンヤ》ノ子錦舎《キンシヤ》ノ時此所ヨリ長崎ヘ来レル船多《オヽカ》リシ國姓爺父《チヽ》ハ

一官《イツクワン》老《ラウ》ト云久シク日本ニ往来《ワウライ》シテ平戸《ヒラト》ニ居住ス日本ノ女《ナ》ヲ妻《ツマ》トシテ子《コ》ヲ生《ウメ》リ是國姓爺《コクセンヤ》ナリ一官《イツクワン》老《ラウ》泉州《センシウ》ヲ領《レウ》セシ時《トキ》平戸《ヒラド》ノ妻子《サイシ》ヲ迎《ムカ》フ則《チ》平戸ヨリ長崎ニ来リテ福州《ホクチウ》舟《フネ》ヨリ泉州ニ到《タ》レリ國姓《セン》爺《ヤ》時《トキ》ニ十七歳ナリ武略《ブリヤク》ノ名将《メイシヤウ》ト成《ナツ》テ一生《セウ》太清《タイセイ》ニ不《ス》順《シタガハ》長崎ニモ別腹《ベツフク》ノ弟在《ヲトヽアリ》シ錦舎《キユシヤ》ノ子《コ》奏舎《ノウシヤ》ニ至《イタリ》テ清朝《セイテウ》ニ降参《カウサン》シテ海内《カイダイ》一統《トウ》ス

道規《トウキ》日本ヨリ海上六百里泉州府《フ》ヨリハ海上二十
十里程《ホド》有ル之由《ヨシ》六ハ五天ト云フ所ヨリハ海上八里ト云リ

烏坵《ウク》并沙埋《シヤテイ》

右二ヶ所ハ興化《コウクウ》府《フ》ノ内ニテ島ナリ舟《フ子》仕《シ》出《ダ》ス處《トコロ》ニハ
非《アラ》ス諸方ヨリ仕出ス舟是等《ラ》ノ島ニテ風ヲ候《ウカヽ》ヒ日ヲ
本ニ乗《ノリ》出シ来ル也海上日本ヨリ四百三十里

漳州《チヤウチウ》府

此所繁《ハン》昌《シヤウ》ノ地《チ》ナリ戸《コ》數《スウ》三十萬軒《ケン》ノ所

也此國ノ人ハ天竺《テンヂク》諸國《シヨコク》ニ渡海《トカイ》シテ商賣《シヤウバイ》ス此故ニ今長崎ニ來ル處《トコロ》ノ天竺《テンチク》等《トウ》ノ外國《クワイコク》ノ船《フテ》ニハ船《セン》主《シユ》水《スイ》主《シユ》皆《ミナ》漳州《チヤウチウ》國《コク》ノ人不乗《ノラ》船《フネ》ナシ暹羅《シヤムロウ》東《カン》補《ボウ》寨《チヤ》咬𠺕吧《カラバア》等《トウ》ノ國《クニ》ニモ漳州《チヤウチウ》ノ人《ヒト》不絶《タヘ》往来《ワウライ》シ住居《ジウキヨ》スル者多《オホ》シ　此國四季《キ》日本九州ヨリハ暖《ダン》國ナリ人《ジン》物《ブツ》風《フウ》俗《ゾク》モ南《ナン》京《キン》ヨリハ賤《イヤ》シ此國ノ詞《コトバ》ハ南京諸《シヨ》方《ハウ》ノ詞《コトバ》ト大《キ》ニ替《カワ》リテ不通《ツウ》語《セコ》音《イン》尤《モツトモ》賤《イヤシ》キ詞ナリ一

國ナレ共《トモ》福《ホク》州《チウ》ノ詞《コトハ》ニモ不同《ヲナジカラ》ズ但福州口《クチ》ニハ偶《タマ〳〵》通《ツウ》ズル事モアレ共《トモ》南京等《トウ》ニハ曾《カツ》テ通《ツウ》ズル事無《ナ》シ

海上日本ヨリ上八百三十里福州ヨリ陸路《リクヂ》八日程西《ニシノ》方《カタ》ナリ

安《アン》海《ハイ》　即《スナハチ》漳州府《チヤウチウフ》ノ新城下《シンジヤウカ》也國姓爺《コクセンヤ》居住《キヨヂウ》ノ城郭《ジヤウクワク》此ノ所ニモ在《アリ》シ也繁昌《ハンジヤウ》ノ地《チ》ナリ如前ニ記カ

右ノ外猶《ナヲ》有ル之乎《カ》此ノ外此ノ國ヨリ日本ニ来ル商人所々

建《ケン》寧《ネー》府《フ》　延平《エンヘー》府　汀州《テイーシウ》府　興化《コウクワ》府　邵《セウ》武府

福寧《フクネー》府　　已上ノ中《ウチ》興化汀州福寧ヨリハ近年《キンネン》

船《フネ》日本ニ来《キタ》ル事稀《マレ》ニ有レ之延平府又ハ福州府

ノ閩縣《ミンケン》ニハ朱子《シユシ》ノ舊蹟《キウセキ》有レ之トゾ閩縣《ミンケン》ハ古《イニシヘ》一國

ノ總名《ソウメウ》ヲ閩《ミン》ト云シ時《トキ》ノ城下《ジヤウカ》ト云リ

福建省土産

書物 福州　墨蹟 同 新古　繪 同又 漳州　墨 同　筆 同

紙 同 布 同又泉州府ノ永春縣 葛布 興化 白絲 福州
邑ニアリ ヨリ出ル布ヲ永春布ト云

綾子《リンス》 同 縐紗《チリメン》 同 紗綾《サヤ》 同 八絲 同 五絲 同

柳條 同 綾機 同 紗 同 紦 同 羅《ロ》 同

紬 同 絹紬 同 閃緞 同 天鵞絨《ビロウド》 同 襄綃 同

絲線 同 木綿 同 畦布 同 砂糖 白黒氷邑之泉州漳州ニテ造ル

甘蔗 泉州漳州 佛手柑 福州 橄欖 福州泉州 龍眼 漳州泉州福州
砂糖ニセンズルキビ

茘枝《リチイ》 同 天門冬 泉州 明礬 同 緑礬 同 花文石 延平
叢ナル石

鹿角菜《ヒジキ》 福州 紫菜《アマノリ》 興化 牛筋 漳州綿ヲ打ツ弓ニ用ユ ニテ造ル故ニ唐ヨリ来ル

天蠶絲《テグス》 同所魚ヲ釣ニ用ユル筋ナリ 瓷器《ヤキモノ》 福州 興化 美人蕉 福州ノ鉢植ニスル小キ芭蕉ナリ

線香 同 鑄物道具 福州 邑々 塗物 福州 邑々 古董《コツトン》 同

扇子 同 櫛篦《クシ》 同上 邑々 針 同 邑々 蠟 汀州 降眞香 同

茴香《ウイキヤウ》 延平 藕粉《ハスノセン》 福州 魚膠《ニベ》 漳州 眞綿 福州 南京ニ次

茶 建寧府ノ武夷山ヨリ出ルヲ上トス 龍鳳山ヨリ出ル者ハ次トス 砂糖漬物 邑々 蜜漬 塩漬 福州 泉州漳州ヨリ出

落花生 炒テ食ス 所々ニアリ 藷種 邑々所々ヨリ出 泉州最多シ 細物ノ類 邑々 福州

右ノ外《ホカ》諸《シヨ》邑不《ス》可《ヘカラ》枚擧《キヨ》又[illegible]之或《アルイハ》渡來ノ唐人《タウジン》[illegible]長崎《ナガサキ》ニ於テ通ジル者アリ不可盡記今《コン》時《ジ》持《モチ》渡《ワタ》レル處《トコロ》ノ諸《シヨ》邑南《ナン》京《キン》浙《チヱツ》江《キヤン》ヨリ交《カウ》易《エキ》シテ持《モチ》來《キタ》ル物《モノ》モ多《オホ》シ故ニ南《ナン》京《キン》船《フネ》福《ホク》州《チウ》舟《フネ》ハ其ニ奇物同《ヲナ》シキ也又山《サン》西《セイ》陝《セン》西《スイ》河《カ》南《ナン》等《トウ》ノ諸《シヨ》國《コク》ノ土《ト》產《サン》南《ナン》京《キン》福《ホク》州《チウ》ノ舟《フネ》ヨリ持《モチ》渡《ワタ》ル物《モノ》多《オホ》シ

廣東《クワントウ》省

城下ヲ廣《クワウ》州《シウ》府《フ》ト云春《シユン》秋《シウ》ノ時《トキ》南《ナン》越《エツ》ト云宋《ソウ》ニハ南漢《カン》ト云大國ニテ海《カイ》邊《ヘン》繁《ハン》榮《エイ》ノ國也古《イニシヘ》百《ハク》粤《ヱツ》地《チ》ト云モ此國ノ事也朱《シユ》崖《ガイ》儋《セン》耳《ニ》ナンド云モ皆《ミナ》此國ノ瓊《ケイ》州《シウ》邊《ヘン》ノ事トゾ

道《トウ》規《キ》自リ日本海上八百七十里或ハ九百里方《ハウ》角《ガク》福《ホク》建《ケン》ノ正《マ》西《ニシ》海《カイ》邊《ヘン》續《ツヾ》キノ國ナリ

四季《キ》福《ホク》州《チウ》ヨリハ又暖《ダン》國《コク》也日本ノ四月比《コロ》ヨリ暑《シヨ》氣《キ》

卷二

甚《ハナハダ》シ冬《フユ》モ雪《ユキ》降《フル》事《コト》稀《マレ》也北極出地事二十一度ノ國也
人《ジン》物《ブツ》風《フウ》俗《ゾク》モ南《ナン》京《キン》福《ホク》州《チウ》等《トウ》ヨリ賤《イヤ》シ衣《イ》冠《クワン》ハ同前ナリ
詞《コトバ》福《ホク》州《シウ》ニ似《ニ》テ又別《ベツ》也不通《ツウセ》事多シ
此ノ國ノ戸《コ》數《スウ》四十八萬五千軒人數一百九十八万
人此ノ内廣《クワウ》州《シウ》ノ戸數五萬軒《ケン》餘《ヨ》
此國海邊津湊《ミナト》多《オホ》キ故《ユヘ》日本ニ船《フネ》仕《シ》出ス所モ多シ廣《クワウ》
州府ノ津口ヲ十二門ト号シテ十二所ノ口有之ト云

此ノ國ノ中ヨリ日本ニ舟《フネ》仕出《シイダ》ス所と如左《サノ》

廣州府《クワウシウノ》　卽《スナハチ》廣東國《カントンコク》ノ城下《ジヤウカ》也其ノ事如《シ》前記《ニスル》

潮州府《テウシウ》　此ノ所ハ韓退之《カンタイシ》ノ流《ナカ》サレシ所也近代《キンダイ》ハ巫女《ミコ》覡男《カンナギ》山伏《ヤマフシ》如《ゴト》キノ者《モノ》多《オホ》クテ鬼神《キジン》ノ取出《トリイダ》シノ類《ルイ》甚《ハナハダ》多《オホシ》ト云リ韓退之《カンタイシ》ノ廟《ベウ》今ニ在リ之長崎《ナガサキ》ニ来《キタ》ル人多シ海上日本ヨリ八百里戸數二十萬五千軒《ケン》

蘓祿《ソウラク》　廣東《カントン》ノ南《ミナミ》海中ノ島《シマ》也外夷《クワイ》ノ内《ウチ》ナリ卜云リ

此以前長崎ニ船《フ子》来《キタ》リシ近年ハ不来《キタラ》海上右ニ同シ

南《ナム》洋《ヨウ》　是モ近年ハ船不来唐《タウ》人《ジン》此以前皆《ミナ》南《ナン》洋《ヨウ》ノ字ヲ書《シヨ》ス愚《グ》按《アン》ズルニ南《ナン》雄《ユウ》府《フ》ノ事《コト》歟《カ》海上日本ヨリ八百五十里尤《モツトモ》狭《セマ》キ所ナリ

碣《ケツ》石《セキ》衛《エイ》　右同前近《キン》年《ネン》船《フ子》不来海上八百里

惠《ケイ》州《シウ》府　廣《ヒロ》キ所也漳《シヤウ》州《チウ》ニ近《チカ》シ能《ヨキ》湊《ミナト》アリテ舟日本ニ仕《シ》出《イダ》ス所也日本ヨリ海上八百五十里戸《コ》數《スウ》

二方五千軒《ケン》

雷州府《ライシウフ》　右ノ恵州ノ西《ニシ》海上右ニ同シ戸數一方軒此地ハ春《シユン》夏《カ》ノ間《アヒダ》雷鳴事《コト》甚《ハナハダ》多《オホ》シト云

瓊州府《ケイシウフ》　古《イニシヘ》ノ朱《シユ》崖《カイ》儋《セン》耳《ニ》ナントト云ルモ此國也トソ離《ハナ》レタル島《シマ》國也舟《フ子》来《キタ》リシ事多シ日本ヨリ海上百里戸數三萬軒《ケン》餘《ヨ》北極出ル事十九度《ド》ノ地也

海南《ハーナン》　瓊《ケー》州《シウ》ノ内《ウチ》ニテ能湊《ミナト》也今長崎《ナガサキ》ニ来《キタ》ル船《フ子》

多シ海上八百五十里

高州府《カウシウフ》　恵州《ケイシウ》ノ西《ニシ》ニテ廣《ヒロ》キ所也日本ニ舟仕《シ》出《ダ》ス所也土民《ドミン》殊外《コトノホカ》鬼神《キシン》ヲ信《シン》シ祭《マツ》ル事多キ所ト云自日本海上一千里戸數二十萬軒

右ノ外舟不来ト云トモ商《シヤウ》人来ル所之如左

韶州府《ゼウシウフ》　南雄府《ナンユウフ》 大《タイ》庾《ユ》嶺《レイ》アリ 六祖ノ古蹟アリ　羅定州《ラテイシウ》　廉州府《レンシウ》

肇慶府　此外雲南《ウンナン》四川貴《キ》州《シウ》等《トウ》ノ商人《シヤウニン》廣東

出《ダ》シノ船《フネ》ヨリ長崎《ナガサキ》ニ來ル也福州《ホツキウ》漳州《チヤウチウ》等《トウ》ノ商人

モ此國ヨリ長崎ニ來ル事多シ絲《イト》織物《ヲリモノ》藥種《ヤクシユ》等《トウ》

ハ中華《チウクワ》第《ダイ》一ノ多キ國也

廣東省土產

白絲 廣州所々　黃絲 同　錦 同　金緞 同　二彩《タビイ》 同

五絲《ムリヤウ》 同　七絲《ニユチン》 同　天鵞絨《ビロウド》 同　八絲 同　閃緞《ビンス》 同

鎖服 同　柳條 同　綾子《リンス》 同　縐紗《チリメン》 同　紗綾《サヤ》 同

絹紬《ケンチウ》同　紦《ハ》同　綿《キ》同　紬《キ》同　綢　苧ノ類
高州　同　同　同　高州
塗物　朱塗著蒔　土焼物　白焼ナリ　銅器　邑之　錫器　邑
繪邑之　佛像器物　之
丹砂　亞鉛《トタン》　針　廣州　眼鏡　巳上ノ數品ハ共
廣州府ヨリ出
龍眼　潮州　荔枝　同　沈香　瓊州　烏木《コクタン》　同　蘗枝花　同
廣州　雷州　キワタノ類也枕ニ入
玳瑁　同　檳榔子　同　龍腦　高州　麝香　本雲南ノ産ナリ
ベツクワウ也　外ヨリ勝レテ上品也
眞珠　廉州　英石　廣州　◎眼茄《ガンカ》　同　山歸來　同　漆　同
カイノタマ　藥物　白クシテ早ク乾クナリ
◎眼茄木ノ實也色形チ茄子ニ似テ小ナリ眼病ニ目ヲ拭テ吉
椰子《ヤシ》　瓊州　波羅蜜　同　蚺蛇膽　潮州　水銀　高州　鍋　邑之　同
上ニ毛アリ　木ノ實　蚺蛇ヲ蟒トス　州　又廣州

天蠶絲《テンサンシ》 湖州　端溪《タンケイ》硯 肇慶州ノ端溪ヨリ出ル硯石ナリ　車渠《シヤコ》 瓊州石　花梨木 同

藤《トウ》 同高州　翡翠《カハセミ》 廉州　鸚鵡《インコ》 惠州高州　五色雀 同　碧鷄 同美鳥

孔雀 高州肇慶　藥種 邑々所々有之上好ハ四川ノ產也　蠟藥 琥珀丸清心丸蘓香丸益母

右ノ外細《コマ》物《キ》雜《ザフ》品《ヒン》猶《ナヲ》多《オホ》シ藥《ヤク》種《シユ》ノ類《ルイ》ハ四《シ》川《セン》國《コク》ヨリ出ルヲ持《モチ》渡《ワタ》ル故《ユヘ》ニ廣《カン》東《トン》ノ船《フネ》ヨリ來《キタ》ルヲ上《ジヤウ》好《カウ》トス麝《ジヤ》香《カウ》モ雲《ウン》南《ナン》ヨリ出《イツ》ル故《ユヘ》合《カフ》藥《ヤク》ノ類《ルイ》此ノ國ヨリ來ヲ上トス

廣西省《クワンセイ》《カンスイ》

城下ヲ桂林府《ケイリンフ》ト云是《コレ》モ古《イニシヘ》ノ南漢《ナンカン》百粤《ハクフヱツ》ノ地ナリ
海邊《カイヘン》少《スコ》シアル國也
道規《トウキ》自《ヨリ》廣東《カントン》陸路《リクロ》五六日程西《ニシ》ノ方《ハウ》也然《シカ》ラハ日本ヨ
リ一千餘里ノ規《キ》ナリ　四季《キ》福州《ホクチウ》ト同シ北極ノ
地ヲ出ル事二十四度或五度ノ國ナリ
風俗《フウゾク》人物《ジンブツ》又ハ詞《コトバ》廣東《カント》ト同クシテ少異《スコシイ》アリ衣《イ》冠ハ
同前也　此國戸數凡二十萬軒《ケン》人數一百萬

人此内桂林《ケイリン》府ノ戸數三萬五千軒

此國海邊《カイヘン》少《スクナ》キ故日本ニ船來《フネキタ》ル事稀《マレ》也商人《シヤウニン》等《ラ》廣《カン》

東出ニ又ハ泉州《セウシウ》出ノ船ヨリ長崎ニ來ル也其商人ノ

所ニ如レ左記ス

桂林《ケイリン》府《フ》　柳州《リウシウ》府　梧州《ゴシウ》府　潯《ジン》州府　南寧《ナンネイ》府

太平《タイヘイ》府　思明《シメイ》府　思恩軍民《シオングンミン》府　鎮安《チンアン》府

思陵《シレウ》州　奉議《ホウギ》州　向武《シヤウブ》州　利《リ》州　田《デン》州

泗《シ》城《ジヤウ》州　都《ト》康《カウ》州　龍《レウ》州　江《コウ》州　安《アン》隆《リウ》長《チヤウ》官《クワン》司《シ》

上林《ジヤウリン》長官司　慶《ケイ》遠《ヱン》府　平《ヘイ》樂《ラク》府　上隆《ジヤウリウ》州

廣西省土產

龍眼 柳州　茘《リ》枝《チイ》同　橄《カン》欖《ラン》潯州　肉桂同　鐵刀木《タガヤサン》同

桂心 桂林 柳州　零陵香同　何首烏同　辰砂梧州　地黄同

仙《セン》茅同　縮砂同　烏蛇同　檳榔慶遠　豆蔻同

草菓同　欝金柳州　藤《トウ》黄同　降眞香同　鎮安　木綿太平

紵布 平樂 潯州 蠟 白平樂 黄鎮安 烏藥 泗城 雄黄 同 石燕 桂林

蘆甘石 柳州 犀角 梧州 象 南寧 錦雞 同 孔雀 同

馬 同 狚猪《ヱンチヨ》 同 ヤマブタ 猩々 梧州 蚺蛇膽 桂林 柳州

倒掛 南寧 倒掛ハ鳥ナリ毛ノ色青緑ニシテ逆ニ木ニ止リ居ル 藥種 桂林 梧州 潯州 柳州ニ甚多シ

雲南省《ウンナン》

滇下ヲ雲南府《ウンナンフ》ト云古ノ西南夷《セイナンイ》ノ地ナリ東京《トンキン》交趾《チ》ニモ陸路《リクロ》續《ツヽ》キニテ西ノ方境界《カクサカイ》ヲ不知《シラレ》ノ大國也

道規去日本凡一千四百里方角《ハウガク》廣東《カントン》國ノ西中《チウ》
華《クワ》西《セイ》南《ナン》ノ海邊《カイヘン》ニ至《イタリ》タル國也南京《ナンキン》ヨリハ一千二百里
四季《キ》廣《カン》東《トン》ニ同シ似大國ノ故《ユヘ》南《ミナミ》ノ海邊《カイヘン》ノ地ニ至テ暖《ダン》
國也北極ノ出ル地コト二十度ヨリ三十度ニ及タル國也
人物風俗少賤《スコシイヤシ》キ也詞《コトハ》又餘《ヨ》國《コク》ト異《イ》アリ廣《カン》東《トン》ニ似
テ又別也衣《イ》冠《クワン》等《トウ》ハ替《カハリ》ナシ
此國ノ戸口數人數不詳《ツマビラカナラ》戸數十二萬人數一百四十

萬ト云ハ總計《ソウケイ》ニハ不可ラ有バ城下《ド》雲南府《ウンナンフ》ノ義ナラン乎《カ》此《ノ》國ヨリハ日本ニ船仕出ス事ナシ商人等《シヤウニンラ》廣東《カントン》漳州《チヤウチウ》福州《ホクチウ》ノ船《フ子》ヨリ乗来《ノリキタ》ル也其ノ商人ノ所ノ如左ノ

雲南府《ウンナンフ》　大理府《タイリ》　楚雄府《ソユウ》　徽江府《テウコウ》　臨安府《リンアン》

蒙化府《マウクワ》　廣南府《クワウナン》　廣西府《クワウセイ》　景東府《ケイトウ》　鎮沅府《チンゲン》

永寧府《エイネイ》　順寧府《シユンニイ》　孟定府《マウテイ》　孟良府《マウリヤウ》　北勝州《ホクシヤウシウ》

新化州《シンクワ》　威遠州《イエン》　鎮康州《チンカウ》　大候州《タイカウ》　灣甸州《ワンテン》

鶴《クヮク》慶《ケイ》軍《クン》民《ミン》府《フ》　武《フ》定《テイ》軍民　曲《キヨク》靖《セイ》軍民　尋《ジン》甸《デン》軍民

麗《レイ》江《カウ》軍民　永《エイ》昌《シヤウ》軍民　元《ケン》江《コウ》軍民　者《シヤ》樂甸《テン》長官司

鈕《チウ》兀《ゴツ》長《チヤウ》官司　芒《ガウ》市《シ》長官司　車《シヤ》里《リ》軍民宣慰使司

老《ラウ》撾《クワ》軍民宣慰使司　木《モク》邦《ハウ》軍民司　瀾《ラン》滄《ソウ》衛《ヱイ》軍民指揮使司

騰《トウ》衝《シヨウ》軍民　孟《マウ》養《ヤウ》軍民　緬《メン》甸《テン》軍民　八《ハツ》百《ハク》大《タイ》甸《テン》軍民

南《ナン》甸《テン》宣《セン》撫司　千《セン》崖《ガイ》宣《セン》撫司　隴《レウ》川《セン》宣撫司　姚《ヨウ》安《アン》軍民府

雲南省土產

麝香 蒙化姚安ヨリ出 中華第一ノ上好　沈香 臨安 車里　白檀 八百 大甸　乳香 車里 老撾

木香 同 同　當歸 武定　安息香 八百 大甸　人參 姚安　肉桂 同

木槵子 同　松子 鶴慶　烏木《マクタン》 元江　紫且 同　蘇木 同

檳榔 同 臨安　胡椒 蒙化 木邦　琥珀 麗江 孟養　錫 木邦　石青 府 前註

石緑 同 前ニ註　訶子 老撾　鹿茸 瀾滄　瑪瑙 大理　花文石《ウツクシキ石》 同

滑石 麗江ル　茶 徽江 永昌　毛氈 廣西 下也　毛褐《ケヲリノ物》 徽江　仙茅 同

細布 永昌 上モメンノ類　漆 同　礬枝花《ハンヤ》 北勝　波羅蜜 臨安　石油 緬甸

椰子 同 無花菓 大理 班竹《ラウタケ》 蒙化 濮竹《ハク》 騰衝 一節間 四五尺 芋 隴川 大井一尺二寸

芭蕉實《ノミ》蜜《ミツ》漬《ツケ》 灣甸 藤《トウ》 鎮沅 火浣布《クハクワンフ》 火鼠ノ毛ニテ織タルモノト云垢ツクトキハ火中ニテ焼ハ白クナル

鱗蛇膽 元江 臨安 孔雀 同 鎮沅 小雞《チヤボノ類》 同 犛牛《リ》 永寧 猩々 永昌

象 緬甸 犀 老撾 虎 孟甸 馬 孟養 青魚膽 藥ニ用

石爇 同 兜羅綿《トロメン》 蠻種 所々

貴州省

城下ヲ貴《キ》陽《ヤウ》府《フ》ト云古《イニシヘ》ノ西《セイ》南《ナン》夷《イ》也海《カイ》邊《ヘン》ニ少《スコ》シ遠《トヲ》シ

道規《ダウキ》廣《カン》東《トン》ヨリ十五日或ハ二十日ノ陸路《クガチ》ノ由《ヨシ》方角《ハウガク》雲《ウン》南《ナン》ノ東北《ヒガシキタ》廣東《カントン》ノ西北《ニシキタ》ニ當《アタ》レリ十五省ノ内ニテ小國也ト云トモ要害《ヨウガイ》ノ地ニテ呉三桂《ゴサンケイ》モ領《レウ》セシ也

一四季《キ》日本ヨリハ暖《アタヽカ》ナル國也北極ノ出ル地コト二十六度《ト》

人物風俗福州《フクシウ》人ニ同ク詞《コトバ》少シ異《イ》アリ

此國ノ戸數人數不《ス》詳《ツマビラカナラ》戸數二十三方ト云ハ此國ノ總計《ソウケイ》ニハ不可有城下貴陽《キヤウ》府ノ義《ギ》ナラン

此ノ國海《カイ》邊《ヘン》ニ非《アラ》サル故《ユヘ》船《フネ》来《キタ》ル事ナシ商人《シヤウニン》等《ラ》日本ニ
来レリ

貴《キ》陽《ヤウ》府　思《シ》州《シウ》府　思《シ》南《ナン》府　鎭《チン》遠《エン》府　都《ト》勻《イン》府

普《フ》安《アン》府　銅《トウ》仁《ジン》府　石《セキ》阡《セン》府　鎭《チン》寧《ネイ》府　安《アン》莊《ソウ》衞

黎《リ》平《ヘイ》府　新《シン》添衞　平《ヘイ》越《エツ》衞　龍《レウ》里《リ》衞　普《フ》定《テイ》衞

畢《ヒツ》節《セツ》衞　威《イ》淸《セイ》衞　烏《ウ》撒《サン》衞　淸《セイ》平《ヘイ》衞　平《ヘイ》壩《ハ》衞

安《アン》南《ナン》衞　赤《セキ》水《スイ》衞　興《コウ》隆《リウ》衞　永《エイ》寧《ネイ》衞　貴《キ》州《シウ》宣《セン》慰《イ》司

右ノ所々ノ商人廣《カン》東福建ノ船ヨリ長崎ニ來ル也

貴州省土産

朱砂 思州 思南
水銀 同 同
雄黄 貴陽
菖蒲 同
蘭 貴陽 思南

鉛 思州
葛布 銅仁
蠟 鎮遠
海棠（唐第一） 同
芙蓉 同 如上

石榴 同
烏頭 平越
木香 同
木瓜 石阡
矢竹 銅仁

茯苓 黎平
茶 貴陽 平越
鐵 思州 思南
白鷴《カン》 思南
竹鷄 同 安南

猿 安南
馬 貴陽 安南
蘖種 所々

四川省

城下ヲ成都《セイト》府ト云古ノ蜀國《シヨクク》ノ地《チ》戰《セン》國ノ時《キ》秦國《シンク》ノ内也唐ニハ劍南ト云此國ノ西方則西番ニテ中華ニ屬《シヨク》セル國多ク大山連聯トシテ要害廣大《クワウタイ》ノ國ナリ天竺ヘノ通路アリト云

道規廣東ヨリ二十餘日ノ陸路《クカヂ》トシテ去南京凡八百餘里方角ハ中華ノ正西ノ極リ雲南ノ北ニ當リ陝西

二連《ツラナ》リテ海《カー》邊《ヘン》甚《ダ》遠《トヲ》キ國ナリ
四季《キ》日本ノ九州ニ同シ北極ノ出《ル》地事三十二度
人物《ブツ》風《フウ》俗《ゾク》陝《セン》西《スー》等《トウ》ノ國ニ同シ詞《コトバ》モ替《カワ》リナシ但南京
ドハ少異《イ》アリ　此國戸數不詳《ツマビラカナラ》戸數十六方四
千軒《ケン》人數二百二十萬人ト云ハ城下成都《イト》府《フ》ノ義《キ》
ナルヘシ成都府ハ六州二十五縣《ケン》也
此國海《カイ》邊《ヘン》ニ非《アラ》ス船《ト》来事ナシ商人等《ラ》日本ニ来レリ

成都府《セイトフ》　保寧府《ホウネイ》　順慶府《シユンケイ》　敍州府《ジヨシウ》　重慶府《テウケイ》

馬湖府《バコ》　龍安府《レウアン》　眉《ヒ》州　瀘《ロ》州　潼川府《トウセン》

嘉定府《カテイ》　邛《キユ》州府　雅《ガ》州府　夔《キ》州府

平茶洞《ヘイサトウ》長官司　邑梅洞《ユウバイ》長官司　東川《トウセン》軍民府　鎮雄《チンユウ》軍民府

烏蒙軍民府　烏撒《ウサン》軍民府　播《ハン》州宣慰使司　永寧《エイネイ》宣撫司

酉陽《ユヤウ》宣撫司　黎《リ》州安撫司　四川行都司《シセンギヤウトシ》

天全《テンゼン》六番使司　松潘《セウハン》指揮使司　疊溪《テウケイ》守御千戶所

右ノ所ニノ商人等《ラ》福州浙江廣東《カントン》出《ダシ》ノ舟ヨリ

長崎ニ來ル也

四川省土產

黄絲　保寧　順慶
毛氈　東川　松潘
扇子　重慶
水銀　竜安
牛黄　黎州

麝香　嘉定　眞雄　松潘
丹砂　重慶　播州
雄黄　播州
羚羊角　竜安
犀角　同

天雄　同
甘松　松潘
當歸　同
羗活　同
白芷　同

黄連　夔州
胡黄連　同
牛膝　同
藭芎　成都
附子　同

烏頭 成都　鬱金 同　椒 同 蜀椒 川椒也　酴醾 同　牡丹皮 同

木瓜 東川　石菖 瀘州　貝母 重慶　五加皮 同 叙州　天門冬 順慶

外麻 天全　天南星 同　續斷 成都　萆解 同　川練子 同

棗 馬湖　荔枝 嘉定 叙州　松子 東川　漆 同　蟾酥 同

竈彩 同　茶 保寧所ヱ又蒙頂茶ト号スルモノ雅州ヨリ出　蒲江硯 スリ石 邛州ノ蒲江縣ヨリ出ル硯石也

寶 保寧 東川　酥油 竜安　巴戟 保寧　寒水石 留州　斑竹 同

筇竹 叙州 竹ノ實ナル　石瓜 瀘州　石綠 同　梅子 所ヱ 甚大ナリ　白鷴 邑梅

錦鶏 竜安 天全 鸚鵡 烏蒙 銀鶏 鎮雄 夔州 畫眉鳥 蜀 梅 犛牛 疊溪

異馬 永寧 疊溪 鹽 成都保寧叙州其外所ミニテ 井水ヲ煎シテ鹽造ル者ナリ 藥種 所ニ

右ノ外猶《ナヲ》雖有之藥種等《トウ》ノ餘《ヨ》國《ク》ニ勝《マサ》レタル者ヲ記《キ》シテ其ノ餘《ハ》畧《リヤクス》之藥種ハ唐《ウ》土《ト》第《イ》一ノ國ナル故ニ藥種ノ上好《ウ》ナルハ皆《ミナ》川《セン》ノ字ヲ付《ツ》ルナリ川芎《キウ》川練《レン》子川白朮《ジユツ》ト云カ如シ

已上中《ウ》華十五省也日本ニテ唐《ウ》ト号《ウ》スルハ此十

五省ヲ總《スベ》テ云ル也右ノ國〻何レモ聖人ノ學文ヲ本トシテ三字教《ケウ》通《ツウ》用《ヨウ》ノ國也

長崎ニ来ル唐人船菩薩ト号スルハ第一媽祖ナリ姥媽《マ》其号ス本福建興化ノ林《リン》氏《シ》ノ女《ムスメ》大海ニ沒《モツ》シテ神ト成神異靈現ニシテ渡《ト》海《カイ》ノ船《フ子》ヲ護《マモ》ル天妃《ヒ》ノ尊《ソン》号《カウ》ヲ謚《オクリナ》ス又ハ聖母ト号ス觀世音ノ化身ト云薩摩國野間權現ハ則姥媽神也野《ノ》間《マ》ハ則《チ》姥媽ノ和夫二

關《クワン》帝《テイ》菩《ボ》薩《サツ》是《コレ》ハ蜀ノ關《クワン》羽《ウ》ナリ又大《タイ》道《トウ》公《コウ》ト云ハ徽《クワ》ス衣《イ》冠《クワン》漢《カン》唐《タウ》ノ儒《ジユ》者《シヤ》官《クワン》人《ニン》ノ形《ギヤウ》像《ザウ》ノ如シ其傳ヲ不知ラ又諸《シヨ》葛《カツ》武《ブ》侯《コウ》ヲ敬《ケウ》ス又ハ張《チヤウ》天《テン》師《シ》ヲ祭ルモアリ各志《ココロザシ》ニ隨《シタガ》フ又觀音ヲ信《シン》ズル者多《オホ》シ長崎ニ來ル唐船津口《クチ》ニテ必ス石《イシ》火《ビ》矢《ヤ》ヲ放《ハナ》ツ碇《イカリ》ヲ入《イ》レハ必《カナラ》ス金《キン》鼓《コ》ヲ鳴《ナラ》シテ祝クナリ津《シン》内《ナイ》ニ類《ルイ》船《セン》アレハ禮《レイ》旗《キ》ノ上《ア》ケ下《オロ》シニ必ス先《サキ》ニ到《イタ》レル處《トコロ》ノ船《フネ》ニ禮《レイ》讓《ジヤウ》シテ後《ノチ》金《キン》鼓《コ》ヲ鳴《ナラ》シテ禮《レイ》旗《キ》ヲ納《ヲサ》ムル

法《ホフ》ナリ又同《ドウ》津《シン》ノ中《ウチ》一船《セン》荷《ニ》役《ヤク》ノ後《ノチ》菩《ホ》薩《サ》ヲ船《フネ》ヨリ下《オロ》シ又ハ歸《キ》帆《ハン》ノ時《トキ》菩《ホ》薩《サ》ヲ乗スル事アレバ最《モツト》モ路《ロ》次《シ》スガラ金《キン》鼓《コ》ヲ鳴《ナラ》シ剌《ラ》叭《ハ》吹《フク》事ナリ既《スデ》ニ其《ソノ》船《フネ》到《イタ》リスレハ湊《ソウ》中《チウ》ノ類《ルイ》船《セン》盡《コト〲》ク金《キン》鼓《コ》ヲ鳴《ナラ》ス事《コト》ニテ九《キウ》遍《ヘン》歸《キ》帆《ハン》既《スデ》ニ碇《イカリ》ヲ揚《アグ》石《イシ》火《ビ》矢《ヤ》ヲ放《ハナ》チ金《キン》鼓《コ》ヲ鳴《ナラ》ストキモ湊《ソウ》中《チウ》ノ類《ルイ》八船《セン》皆《ミナ》各《ヲノ〱》ニモ九遍《ヘン》ノ金鼓ヲ鳴《ナラ》シテ出帆《シユツハン》ヲ祝《イハ》フノ禮《レイ》法アリ唐《タウ》土《ド》ノ風《フウ》俗《ゾク》ナリ

唐船役者

漳州ノ詞ヲ記ス

夥長《ホイテウ》 海上ノ乗《ノリ》方《カタ》ヲ主《ツカサ》ドル者也羅經《ハリ》ノ法《ハウ》ヲ能知テ日月星ヲ計《ハカ》リ天氣ヲ考《カンガ》ヘ地理ヲ察《サツ》スル役ナリ

舵工《タイコン》 舵ノ役ナリ彭長ト心ヲ合セ風ヲ辨《ベン》シ濤ヲ凌《シノ》グ大事ノ役ナリ

頭椗《タウテン》 碇ヲ主トル役ナリ湊《ミナト》ニテハ肝要ノ役ナリ機轉《キテン》ノ入役ナリ

亞班《アパン》 帆《ホ》柱《ハシラ》ノ役ナリ内アルトキハ自身《ジシン》檣《ホバシラ》ノ上ニ升《ノボ》ル事モ有テ苦労《クラウ》ノ役ナリ

財附《ツアイフウ》 荷物商賣諸事ノ日記《ニツキ》算《サン》用《ヨウ》ヲ主トル役ナリ

總官《ツヲンクワン》 船《セン》中《チウ》諸事《シヨシ》ヲ肝煎《キモイリ》奉行《ブギヤウ》スル者ナリ

杉《サン》板《パン》工《コン》

桴《ハシ》舟ヲ主トル者ナリサンパントハハシ舟ヲ云

工《コン》社《シヤ》

水主《スイシユ》ヲ云大船《セン》ハ百人中船ハ六七十人小船ハ三四十人ナリ

香《ヒヨン》工《コン》

菩《ボ》薩《サ》ニ香《カウ》華《クワ》燈明《メウ》ヲ勤《ツトメ》メ朝夕ノ俱拝ヲ主ル役ナリ

船《ヂユン》主《ツウ》

船頭《セントウ》ナリ船中ニテ役ナシ日本ニテ商賣ノ下知《チ》ヲシ公儀《コウギ》ヲ勤メ一船ノ人數《ニンジユ》ヲ治ム船頭ニ二種アリ荷《ニ》物《モツ》ノ主人《シユジン》則《スナハチ》船頭ト成テ來ルモアリ又荷物ノ主《ヌシ》ハ不來手代《テダイ》親類《シンルイ》船頭ト成テ來ルモアリ

南《ナン》京《キン》福《ホク》州《チウ》ノ船ハ皆小船也日本ノ十六七端帆ノ舟ヨリ大ナル者ナシ漳《チヤン》州《チウ》廣《カン》東《トン》ヨリ出ル船ニハ日本二十

端帆《タンボ》ノ大サ成者《ナルモノ》モアリ唐土《タウト》ニテ船ノ大小ヲ言ニハ百斤《キン》目《メ》ニテ言《イフ》事《コト》ナリ其大船ハ荷物《ニモツ》五六十萬斤《マンキン》次《ツギ》ハ三十萬斤或ハ二十万斤小船ハ十万斤ノ者《モノ》也又唐人《タウジン》天《テン》竺《ヂク》暹羅《シヤムロ》等《トウ》ノ國ニ往《ユキ》テ彼《カン》地《チ》ヨリ長崎《ナガサキ》ニ来ル船ハ造《ツク》リヤウ又別《ベツ》也荷物《ニモツ》百萬斤百五十万斤又ハ二百萬斤ノ大船ナリ下巻外國《グワイコク》ノ所《トコロ》ニ可記上ニ記《キ》スル船《フナ》神《カミ》天《テン》妃《ヒ》姥《ノウ》媽《マ》ノ事唐人《タウジン》ノ説《セツ》ニハ福《フ》建《ケン》

興化《コフクワ》ノ人ナリト云𪜈廣東《トン》瓊州《シウ》ノ説《セツ》モ又有之

南京船艪ノ方ヨリ斜《サイ》ニ見タル圖

本帆《ふ》ハ大方木綿ナリ

彌《ヤ》帆ハ筵帆ナリ

禮《レイ》旗《キ》ハ船神ノ旗《ハタ》ナル故朝暮上ケ下レニモ金鼓ヲ鳴シテ祝クナリ

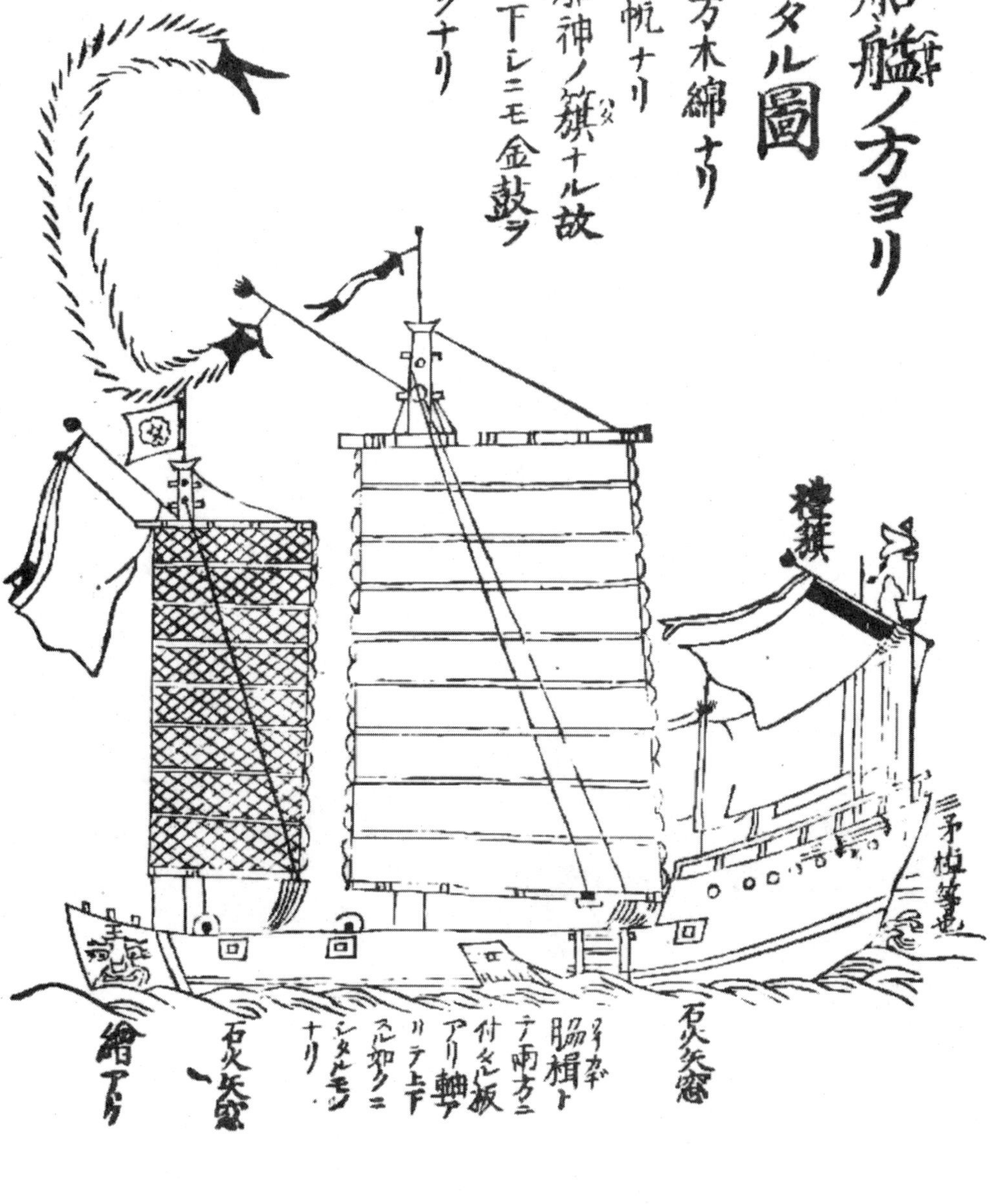

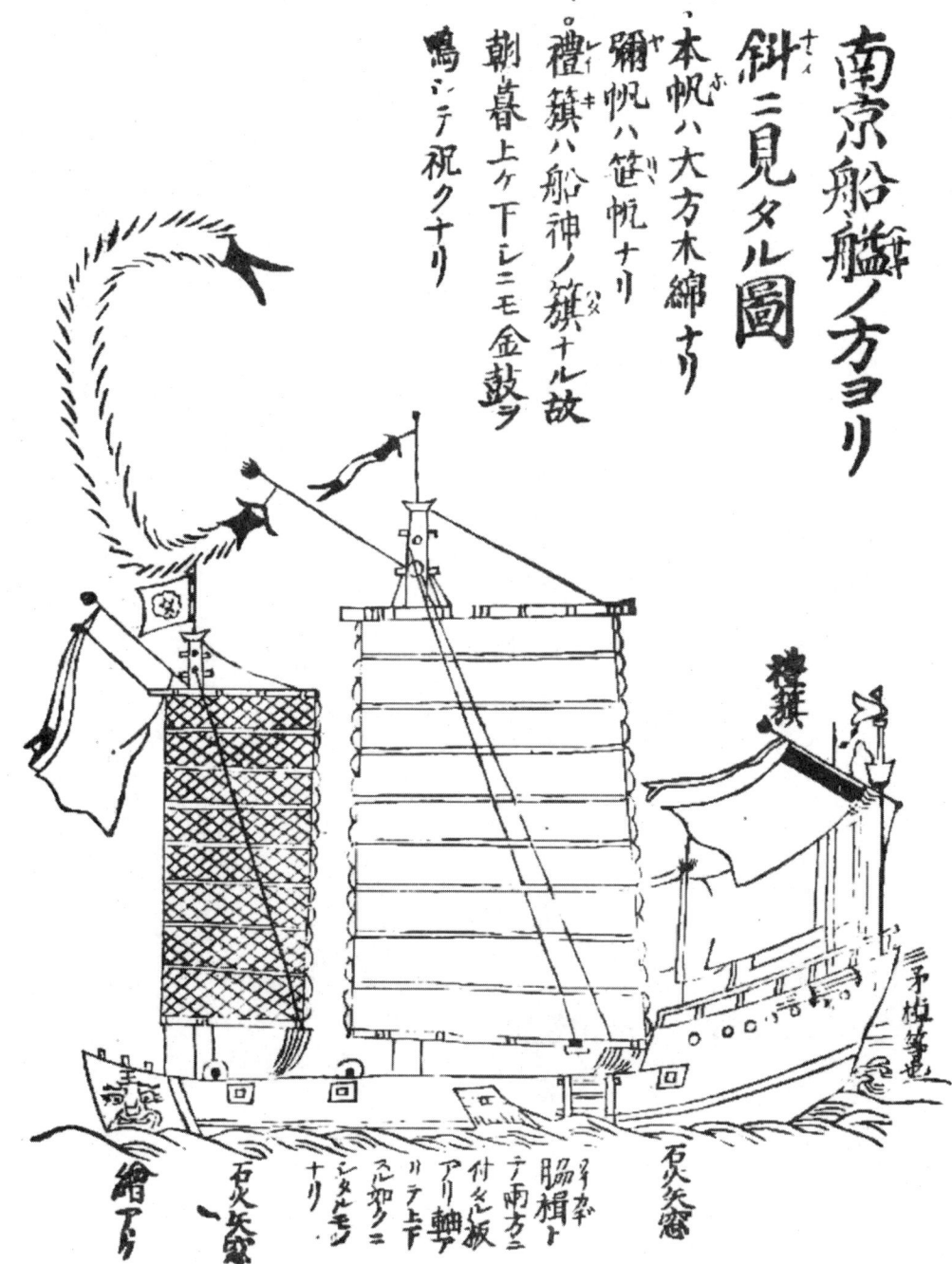

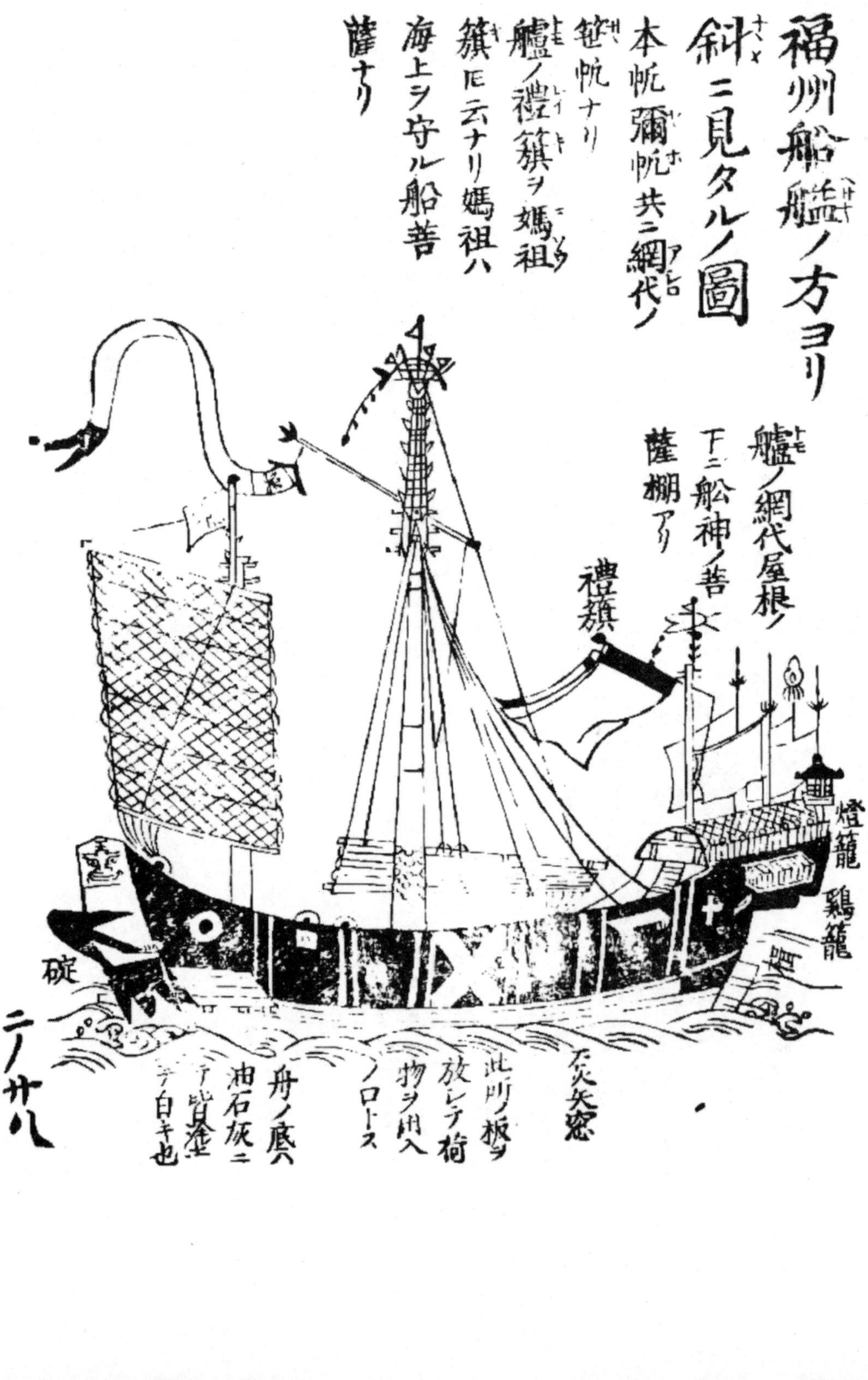
福州船艦ノ方ヨリ
釱ニ見タルノ圖
本帆彌帆共ニ網代ノ
篷帆ナリ
艫《トモ》ノ禮《レイ》旗ヲ媽祖旗
旗ト云ナリ媽祖ハ
海上ヲ守ル船善
薩ナリ
艫《トモ》ノ網代屋根ノ
下ニ船神ノ善
薩棚アリ
禮旗
燈籠
鷄籠
碇
大火矢窓
此所ノ板ヲ
放レテ荷
物ヲ用入
ノロトス
舟ノ底ハ
油石灰ニ
テ皆塗
テ白キ也
二ノ廿八

南京船艫《トモ》ノ方ヨリ
斜ニ見タル圖
艫《トモ》ノ板《イタ》ニ彩《サイ》色《シキ》ノ繪《エ》アリ

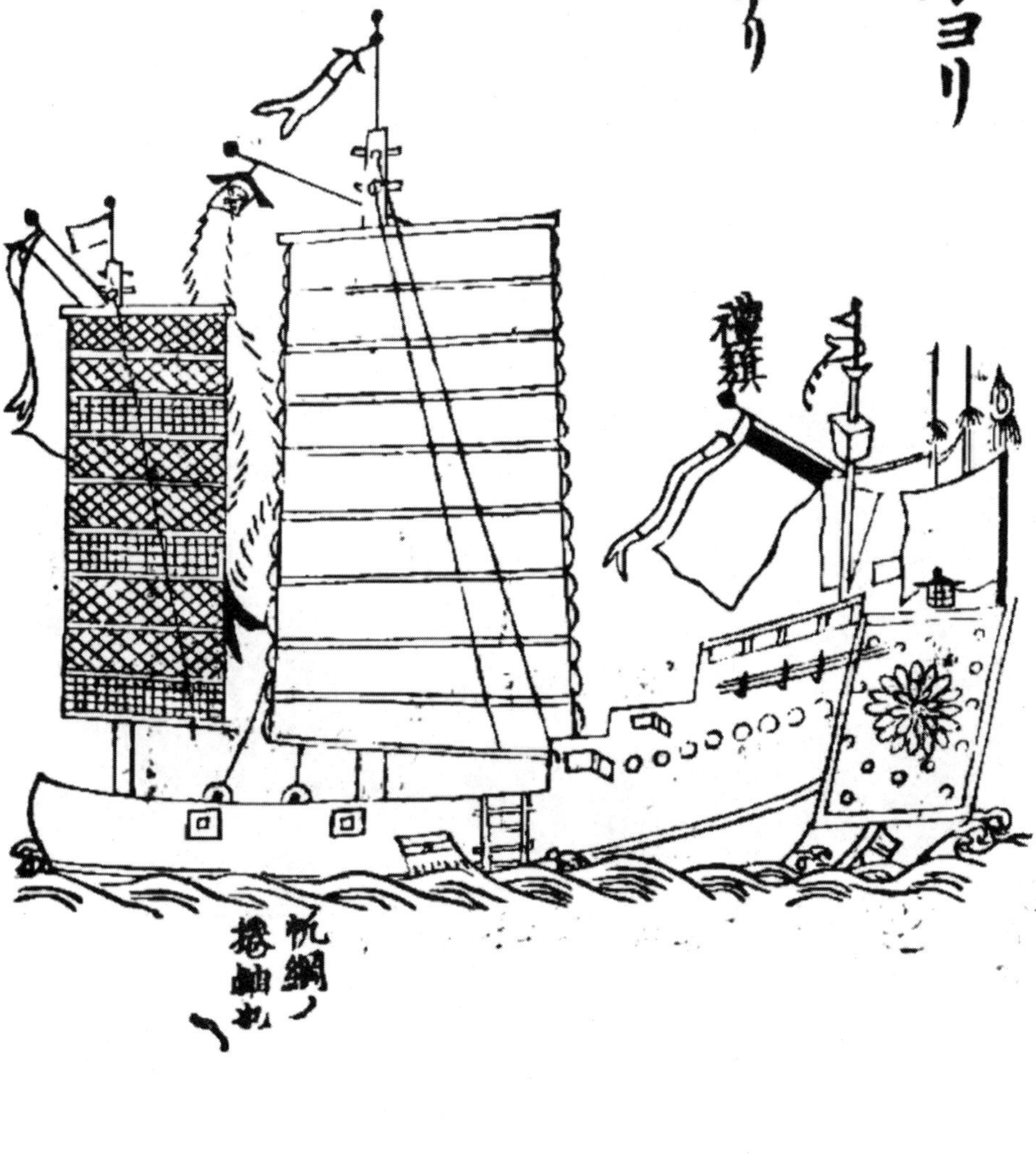

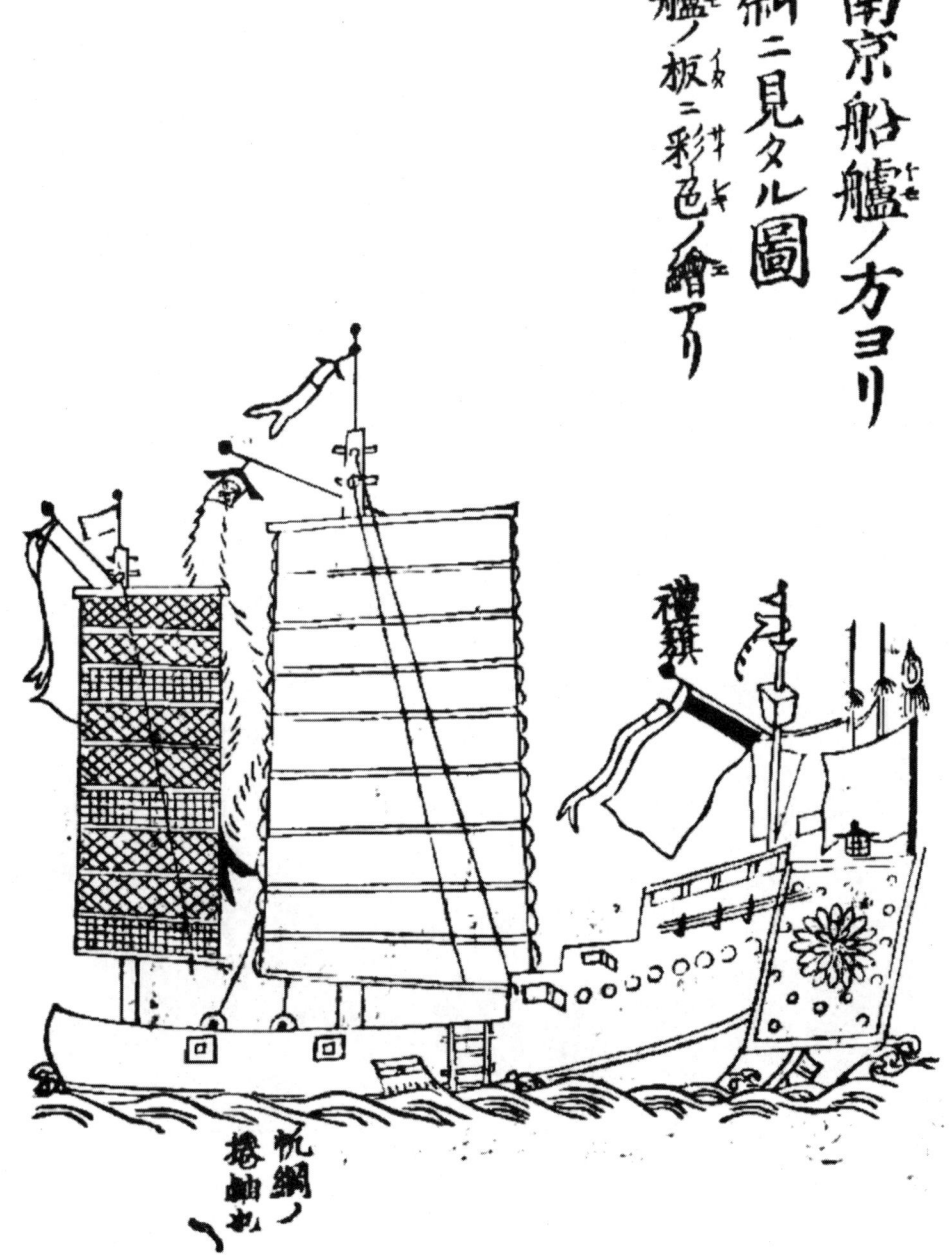

福州船艫《とも》ノ方ヨリ
斜《ナヽメ》ニ見タル圖

艫ノ菩薩所ノ外ニ彩色《サイシキ》ノ繪《ヱ》アリ
又順風《ジユンフウ》相送《サウソウ》ノ金字アリ

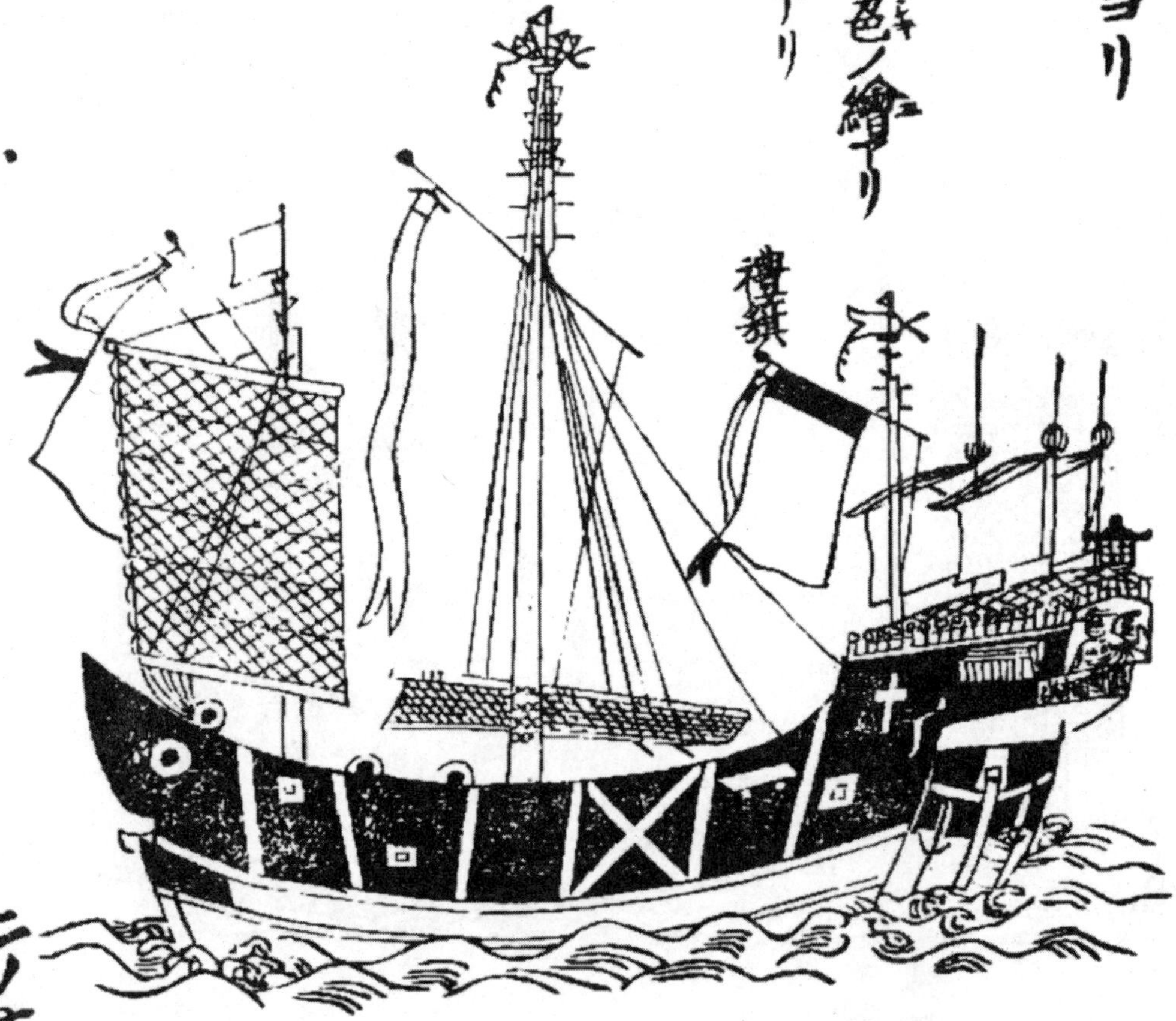

二ノ廿九

安南國人物
東京交趾等

地球萬國

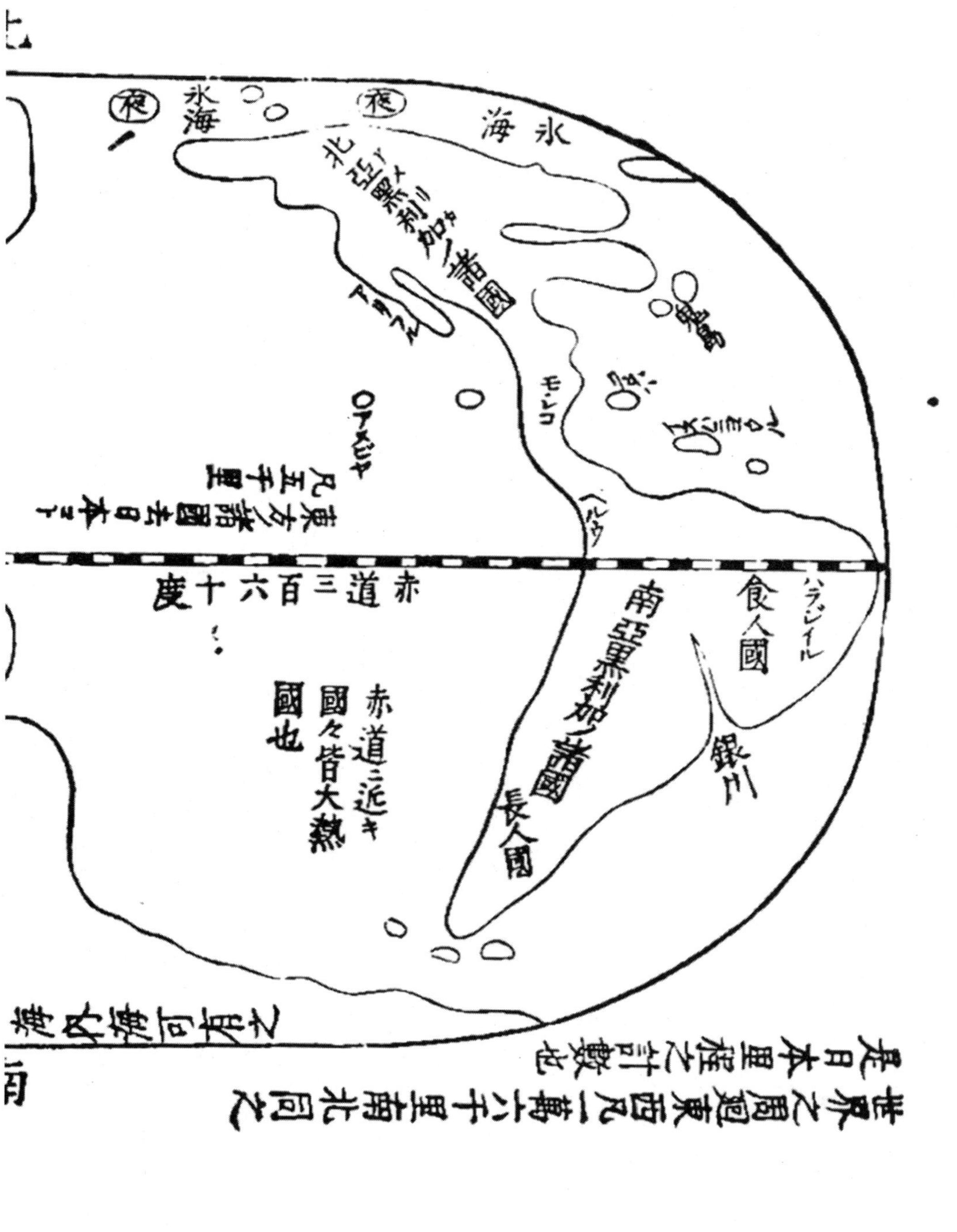
氷海
氷海
夜
夜
北亞墨利加諸國
東方ノ諸國ヨリ日本マテ凡五千里
赤道三百六十度
南亞墨利加諸國
食人國
銀山
長人國
赤道ニ近キ國々皆大熱國也
世界之周廻東西凡一萬六千里南北同之
是日本里程之計數也

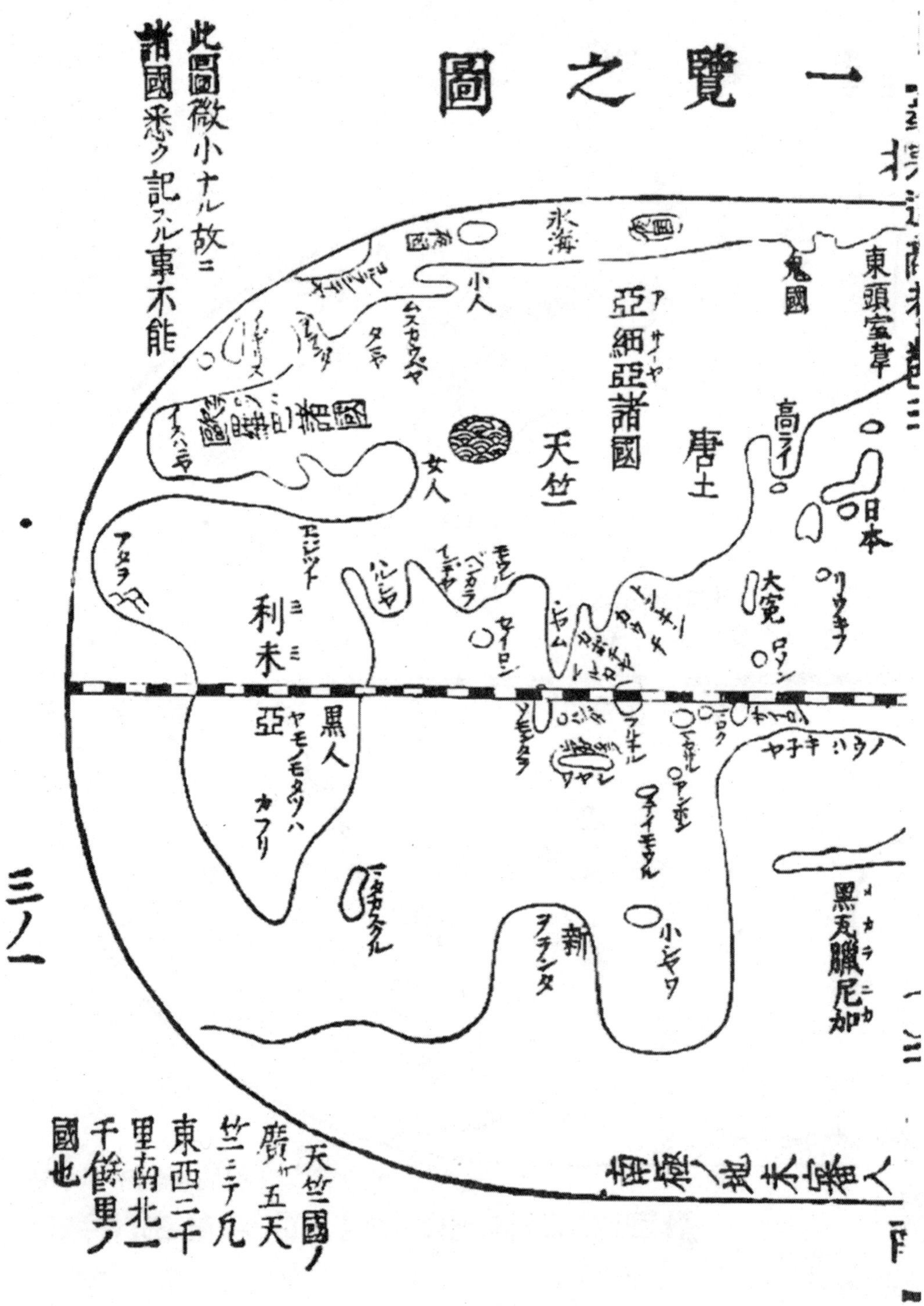
一覽之圖
此圖微小ナル故ニ
諸國悉ク記スル事不能
氷海
小人
東頭室韋
鬼國
亞細亞諸國
唐土
天竺
女人
高ライ
日本
大寃
利未亞
黑人
カフリ
新ヲランタ
小ジャワ
黑瓦臘尼加
南極ノ地未審ニ
天竺國ノ廣サ五天竺ニテ凡東西二千里南北一千餘里ノ國也
三ノ一

増補華夷通商考巻之三

外國

朝鮮《テウセン》 琉球《リウキウ》 大寃《タイワン》 東京《トンキン》 交趾《カウチ》

右ノ國ハ唐土《タウト》ノ外《ホカ》ナリト云𪜈中《チウ》華《クワ》ノ命《メイ》ニ従《シタガ》ヒ中華ノ文字ヲ用《モチ》ヒ三教《ケウ》通《ツウ》達《ダツ》ノ國也

外夷

占城《チヤンパ》 東埔寨《カボウチヤ》 太泥《タニ》 六甲《ロツコン》 暹羅《シヤムロ》 毋羅伽《モラカ》

莫臥爾《モーウル》　咬𠺕吧《カラハア》《ジヤカタラ》　爪哇《ヂヤア》　番旦《バンシン》　阿蘭陀《ヲランタ》

右之國〻ハ唐土《タウド》ト差《タガ》ヒテ皆《ミナ》横文字《ヨコモジ》ノ國也

已上外國《グワイコク》外夷《イ》ノ諸國《シヨコク》何《イヅ》レモ唐人商賣《シヤウバイ》往来《ワウライ》スル所也莫臥爾《モーウル》阿蘭陀《ヲランダ》ノ二國ハ唐人往来《ライ》ナシ其ノ地ノ舟長崎《ナカサキ》ニ入津《ニツシン》ス右ノ内ニヲランダ人商賣《シヤウバン》ニ往《ユク》所モ有之

阿蘭陀《ヲランダ》人商賣《シヤウバイ》ニ往来《ワウライ》ノ國ニ二十五個《カ》國アリ其ノ

内東京 母羅加《モラカ》 暹羅《シヤムロ》 咬𠺕吧 此四個《カ》

國ハ前《ヘ》ニ出《イダス》餘《ヨ》ノ三十一個《カ》國如シ左ノ皆《ミナ》外夷《クワイイ》ナリ

ケイラン　ソモンダラ　ペグウ　アラカン　サイロン

バンダ　コストカルモンデイル　ベンガラ　サラアタ　モハア

マカザアル　マルバアル　デイモウル　セイロン　タルナアタ

アンボン　ボルチラ　ムスカウベヤ　ハルシヤ　マタカスクル

カアホテホウスイスフランス　ブルセル　ゲチイ　トルケイン　フランガレキ

ズペイテ　デイヌマルカ　メウルウイキ　トイチラント　ホウル

クルウンラント　已上三十五箇《カ》國也

附錄

サントメ　インデヤ　ラ宇《ウ》　チイヤ宇

ゴワ　パタン　マロク　カフリ

右ノ外《クワイ》國《コク》外《クワイ》夷《イ》合テ五十五個《カ》國各《カク》道規《キ》四季《キ》人《ジン》

物《フツ》土《ト》産《サン》等《トウ》記《キ》ス之《ヲ》

外ニ御《ゴ》禁《キン》制《セイ》ノ國

亞媽港《アマカウ》《アマカワ》　呂宋《ロソン》《ルスン》 ミシヱイラ バーヤン　イスハニヤ カステラ ホルトガル

アゲレス　此ノ四國ハ日本渡《ト》海《カイ》近《キン》代《ダイ》停《テウ》止《ジ》ナリ

外國

朝鮮　高《カウ》麗《ライ》也本名高《カウ》句《ク》麗《リ》ナリ

國八道アリ古《イニシヘ》馬《バ》韓《カン》辰《シン》韓《セ》弁《ベン》韓《カ》ト分レテ三韓《カン》ト

号《ウ》セシモ此ノ國ナリ又新《シン》羅《ラ》百《ハツ》濟《サイ》高《カウ》麗《ライ》ト三國ニ分

レタルモ此ノ國ナリ
海上自《ヨリ》長《ナカ》崎《サキ》百四十四里對《ツシ》馬《マ》ヨリ四十八里所ニヨリ甚《ハナハダ》近《チカ》キ由《ヨシ》釜《フ》山《サン》浦《ホ》ニ日本館《クハン》アリ都《ト》府《フ》迄《マデ》十日路《ミチ》有之都府《フ》ヨリ北《ホツ》京《キヤウ》國《コク》迄《マデ》陸《リク》《クガ》路《ロ》《ミチ》有《アツ》テ往《ワウ》來《ライ》不絶《タヘ》ト云北ノ境《サカヒ》ハ兀《ヲ》良《ラン》哈《カイ》ニ近《チカ》ク東ハ女《ジヨ》直《チヨク》ニ繼《ツヽ》キタリ兀良哈ハ東《トン》韃《ダツ》靼《タン》ノ屬《ゾク》類也
四季寒《カン》國《コク》也氣《キ》候《コウ》日本ノ關《クハン》東《トウ》ニ同シ

北《ホツ》極《キヨク》出《イツル》地《トヲ》コト三十六度《ト》ヨリ四十一度《ト》

此國儒《ジユ》道《ドウ》ヲ尊《タツト》フ事中《チウ》華《クワ》ニ勝レリ儒《ジユ》ノ古《コ》法《ハフ》ハ中《チウ》華《クワ》ニ絶《タヘ》タル者《モノ》此國ニ遺《ノコ》レル事有《アリ》トゾ

人《ジン》物《ブツ》質《シツ》素《ソ》ニシテ長《チヤウ》命《メイ》ナル國也衣《イ》服《フク》詞《コトバ》唐《タウ》人《ジン》ト別《ベツ》也官《クワン》人《ニン》對《ツイ》馬《マ》ヘ隔《カク》年《ネン》ニ出《シユツ》仕《シ》スト云此國ノ船偶《タマタマ》日本ノ地ニ漂《ヘウ》流《リウ》スル事有《アル》之時ハ其所ヨリ長《ナカ》崎《サキ》ヘ送《オクリ》届《トヾ》ケテ又長崎ヨリ對馬ヘ渡《ワタ》サルヽ也

土產

人參　藥種色々　木綿　油　サムソキ　トロメン

毛氊　油布　油紙　牛黃　筆唐ヨリ好　墨

扇　瓷器色々

此外ハ大方《ハウ》唐《タウ》ノ土《ト》產《サン》ト交《カウ》易《エキ》スル也鶴《ツル》鴨《カモ》鱈《タラ》米《コメ》等《トウ》對《ツシ》馬《マ》ヘ來リテ商《シヤウ》賣《バイ》アリ

琉球《リウキウ》　或流求

此國過半《クハン》ハ福州《ホクシウ》ニ從《シタガ》ヒテ唐《タウ》ヨリ往来《ワウライ》モ有リ之薩《サツ》摩ヨリ往來《ワウライ》ノ所モ有ル之也

海上薩摩《サツマ》ヨリ三百餘《ヨ》里南海《ナンカイ》ノ島國也四季《キ》暖《アタヽカ》ナル國也　北極出ル地ヲ事二十五六度

人物《ジンブツ》朝鮮《テウセン》ニ似《ニ》テ別《ベツ》也詞《コトバ》モ中華《チウクワ》ト不通此ノ國ニハ日本鎮西《チンゼイ》八郎《ハチラウ》爲朝《タメトモ》ノ寺《テラ》有《アツ》テ位牌《イハイ》ヲ安置《アンチ》ストゾ

又此國ノ詞《コトバ》ニハ日本ノ詞《コトバ》ト同シキ事多《オホ》シ酒《サケ》ヲ未

奇《キ》食《シヨク》ヲカテト云ノ類《ルイ》也最《モツトモ》佛《フツ》神《ジン》儒《ジユ》道《トウ》ヲ貴《タツト》ビ日本ノ風儀《フウキ》ヲ習《ナラフ》者《モノ》多シ女《ヨ》人《シ》家《カ》内《ナイ》ヲ主《ツカサ》トリ男《ナン》子《シ》ハ耕《カウ》作《サク》商《シヤウ》賣《バイ》ヲ務《ツト》メ常《ツネ》ニ琵《ビ》琶《ハ》三《サ》味《ミ》線《セン》ヲ鼓《ヒキ》テ樂《タノシ》メリ此ノ國ノ船《フネ》日本ノ地ニ漂《ヘウ》流《リウ》ノ時ハ其所ヨリ長《ナカ》崎《サキ》へ送《オクリ》届《トドケ》テ長崎ヨリ薩《サツ》摩《マ》へ渡《ワタ》シテ歸《キ》國《コク》ス

土産

木綿　芭蕉布　黒砂糖　アハモリ酒　火ノ酒

藥種 色々 龍涎

竹器 色々 骨柳《コリ》 色々 布

塗物道具 色々 青貝 土焼物 米

右ノ外色々有之ト云𪜈皆《ミナ》福州《ホクチウ》ニ交易《カウエキ》スル類多《オホ》シ

大寃《タイワン》 或臺灣《タイワン》 又ニ名アリ 東寧《トウネイ》 塔伽沙谷《タカサゴ》

島《シマ》國也此ノ島古《イニシヘ》ハ主《ヌシ》無《ナ》キ所ナリシニ何《イツ》ノ時《トキ》ヨリカ阿《ヲ》蘭《ラン》陀《ダ》人日本渡《ト》海《カイ》ノ便《タヨ》リニ此ノ島《シマ》ヲ押《アウ》領《レウ》シテ城《ジヤウ》廓《クワク》ヲ構《カマ》ヘ住《ヂウ》シテ日本其ノ外ノ國々ヘ此ノ所ヨリ渡《ト》

海《カイ》セシヲ日本寛文《クワンブン》ノ比《コロ》國姓爺《コクセンヤ》厦門《カモン》ヨリ此島《コノシマ》ヲ攻落《セメオト》シヲランダ人ヲ追拂《オヒハラ》ヒ國中ヲ治《ヲサ》メ城廓《ジヤウクワク》ヲ改《アラタ》メ築《キヅキ》テ居住《キヨジウ》セリ其子《ソノコ》錦舎《キンシヤ》モ父《チヽ》ノ遺跡《ユイセキ》ヲ續《ツギ》一國ヲ治《ヲサメ》テ明朝《ミンテウ》ノ代《ヨ》ヲ再興《サイコウ》セン事《コト》ヲ謀《ハカリ》テ終《ツイ》ニ清朝《セイテウ》ニ隨《シタガ》ハザリシ其子《ソノコ》奏舎《ソウシヤ》日本貞享《ヂヤウキヤウ》元年ニ至《イタツ》テ清朝《セイテウ》ニ降參《カウサン》シテ國ヲ退《シリゾ》キ渡《ワタ》シテ其身《ソノミ》ハ王《ワウ》号《ガウ》ヲ蒙《カウム》リ北京《ホクキン》ニ居住《キヨヂウ》ス今此島《コノシマ》清朝《セイテウ》ヨリ守《マモ》

護ヲ置テ仕《シ》配《ハイ》ス　此ノ島根《コン》本《ホン》ノ名《ナ》ハ塔《タ》伽《カ》沙《サ》谷《ゴ》也日本ノ人高砂《タカサゴ》ノ文字《モンジ》ヲ假《カリ》用《モチ》ユ或《ハ》大寃《タイワン》臺灣《タイワン》共《トモ》ニ唐《タウ》人《ジン》名《ナツ》ケタル也國姓爺《コクセンヤ》居住以後《イゴ》ハ國《コク》号《ガウ》ヲ東《トウ》寧《ネイ》ト改《アラタ》ム此ノ國中華《チウクワ》ノ南方《ナンバウ》ナルニ東寧《トウネイ》ト号《ガウ》スル事國姓爺《コクセンヤ》生國《シヤウコク》ハ日本ナル故ニ生國ヲ慕《シタフ》ノ意《コヽロ》ニヤト云

道規《ドウキ》日本ヨリ海上六百四十里厦門《カモン》ヨリ七十里

東南ナリ或百里ノ所モアリ此島ノ北ノ頭《カシラ》ヲ圭籠《ケイラン》ト
云此所ヨリ南方ノ端《ハシ》迄《マテ》百二十餘《ヨ》里ニ亘《ワタ》レル島《シマ》也
北極出地事二十三度ヨリ二十度《ド》ニ及《オヨ》ベリ
四季《キ》暖《ダン》國也日本ノ六七月此國大熱《タイネツ》也二八月比《コロ》
ハ日本ノ四五月ノ如シ此國ノ冬《フユ》ハ日本ノ八九月比《コロ》
ニ同シ雪《ユキ》霜《シモ》降《フル》コトナク一年ニ二度《ド》宛《ツヽ》田《タ》作《サク》スル國ナリ
人物甚《ハナハダ》卑《イヤ》シク常《ツネ》ニ裸《ハダカ》ニテ獵《カリ》ヲ専《モツハラ》トシテ矛《ホコ》ヲ持《モチ》テ

鹿ヲ追《オフ》ヒ其肉《ニク》ヲ生ニテ食《クラ》ヒ其皮《カハ》ヲ賣《ウリ》テ酒《シユ》食《イ》ヲ買《カ》或ハ木《モ》綿《メン》ニ交《カウ》易《エキ》シテ木《モ》綿《メン》ヲ多《オホ》ク積《ツミ》貯《タクハユ》ルヲ以テ富《トメ》リトス常ニ其友《トモ》ト奔《ホン》趨《ソウ》スル事《コト》ヲ習《ナラ》ヒテ其疾《シツ》速《ソク》ナル事麋《ビ》鹿《ロク》ニ勝《マサ》レリ山中而已《ノミ》ニ居《オ》ル故《ユヘ》ニ山童《ワラソ》ト号《ガウ》ス海邊《ヘン》ノ漁《ギヨ》人《ジン》ハ猶《ナヲ》以テ賤《イヤシ》キ也尤《モツトモ》詞《コトハ》モ曾《カツ》テ不通《ツウセ》根《コン》本《ホン》ハ文《モン》字モ無《ナキ》之國ナリ國《コク》姓《セイ》爺《ヤ》以來《イライ》ハ漁《ギヨ》人《ジン》獵《レウ》師《シ》ノ外《ホカ》ハ唐人《タウジン》多《オホ》ク居《キヨ》住《ヂウ》ノ故《ユヘ》中《チウ》華《クワ》ノ風《フウ》儀《キ》ニ習《ナラヒ》タル者《モノ》モ多《オホ》キ

由國姓爺ヨリ錦舍《キンシヤ》ノ時ニ至《イタツ》テ此國ヨリ長崎ヘ來ル船《フネ》多カリシ
寛永《クワンエイ》ノ比《コロ》長崎《ナガサキ》代官《ダイクワン》仕《シ》出《イダ》シノ異國《イコク》渡海《トカイ》ノ船《フネ》ヲ海上《カイシヤウ》ニ於テ大寃《タイワン》什配《シハイ》ノヲランダ船《フネ》是《コレ》ヲ惱《ナヤ》マシ已《スデ》ニ海賊《カイゾク》セントセシヲ樣《サマ〴〵》ゝニシテ逃《ノガ》レ歸《カヘ》レリ依《ヨツテ》ㇾ之《コレニ》長崎代官ヨリノ濱田《ハマダ》某《ソレガシ》兄弟《キヤウダイ》ヲ賴《タノミ》テ大寃《タイワン》ニ遣《ツカハ》セリ濱田《ハマダ》ハ長崎町人ニテ數年《スネン》異國《イコク》渡海《トカイ》セシ故《ユヘ》ニ能《ヨク》案內《アンナイ》ヲ知テ輙《タヤス》ク

彼地《カノチ》ニ到《イタリ》テ商人《シヤウニン》ト号《ガウ》シテ謀畧《ケイリヤク》ヲ廻《メグラ》シ大将《タイシヤウ》ゼネラルニ拝謁《ハイエツ》セン事《コト》ヲ願《ネガイ》テ音物《ヰンブツ》等《トウ》ヲ捧《サヽゲ》テ城中《ジヤウチウ》ニ到《イタ》ル大将出《イデ》テ見《ミヨ》ユ左右《サユウ》ノ臣《シン》等《ラ》多《オホ》ク列位《レツイ》ニ従《シタガフ》テ威儀《ヰギ》厳重《ゲンヂウ》也時ニ濱田《ハマダ》急《キフ》ニ起《タチ》テ大将ノ高座《カウザ》ニ在《アル》ヲ引下《ヒキオロ》シ捕《トツ》テ押《オサ》ユ左右《サウ》ノ臣《シン》各《ヲノ〳〵》剱《ケン》ヲ抜《スキ》テ殺《コロ》サントス濱田《ハマダ》ニ相従《アヒシタガフ》者《モノ》各《ヲノ〳〵》起《タツ》テ是《コレ》ヲ押《オサ》ヘテ働《ハタラ》カス事ナシ時ニ城中ノ諸卒《シヨソツ》鐵炮《テツハウ》ヲ放《ハナタ》ントス濱田《ハマタ》蠻語《バンゴ》ヲ以《テ》高聲《カウジヤウ》ニ曰《イハ》ク我等《ワレラ》大

華夷通商考　巻之三　九

將ヲ殺《コロ》シトニハ非《アラ》ス汝等《ナンヂラ》若《モシ》吾等《ワレラ》ヲ殺《コロ》サハ唯今《タヾイマ》大《タイ》將《シヤウ》ヲ殺《コロ》スベシ大將ノ生死《シヤウジ》ハ汝等《ナンヂラ》ガ所爲《シワザ》ニ應《ヲウ》ズト云テ刀《カタナ》ヲ拔《ヌキ》テ大將ノ胸《ムネ》ニ當《アテ》テ云ケレバ大將モ其意《コヽロ》ヲ知《シツ》テ左右《サユウ》ノ人共《ヒトドモ》ニ諸卒《シヨソツ》ヲ制《セイ》シケレバ鉄炮《テツハウ》ヲ放事《ハナツコト》ヲ止《ヤメ》テ城中《ジヤウチウ》靜《シヅマ》レリ大將モ海賊《カイゾク》ノ罪《ツミ》ヲ謝《シヤ》シ自今以《ジコンイ》後《ゴ》日本ノ船《フネ》ヲ惱《ナヤマ》ス事不ㇾ可ラ有ルト誓約《セイヤク》シテ其子ヲ人質《ヒトジチ》ニ出《イダ》シケレバ濱田《ハマダ》兄弟《キヤウダイ》是《コレ》ヲ携《タヅサ》ヘテ歸朝《キテウ》ス其ノ

後《ノチ》愈《イヨイヨ》其罪《ツミ》ヲ謝《ジヤ》シ賊船《ゾクセン》ヲ罰《バツ》シテ詫《ワビ》ケル故《ユヘ》右《ミギ》ノ人質《ヒトジチ》ヲ歸ヒリ此時ヲランダ平戸《ヒラド》ヘ入津《ニツシン》ノ間《アヒダ》ナリヲランダ是ヨリ日本人ヲ甚《ハナハダ》畏《オソ》ル濱田《ハマダ》兄弟《キヤウダイ》ハ後《ノチ》ニ何方《イツカタ》ニ於《ヲイ》テ高禄《カウロク》ヲ受《ウケ》テ武士《ブシ》ト成《ナレ》リ

土産

白砂糖 ベツダン南京 ポイトン亭州　　鹿皮 山馬 獐皮《カビト》 色々　　木綿　　西瓜《スイクワ》

藥種 少々　　鳥獸　　米　　南瓜 ボウブラ

右ノ類《ルイ》唐《タウ》船《セン》ニ積《ツミ》来《キタ》ル也是ヲ大《タイ》寃《ワン》船《フナ》ト云

交趾《カウチ》　カウチイ漳州口　キヤウツウ南京口

一國ノ總名《ソウメウ》ヲ交趾《カウチ》ト云日本ニ来ル船ハ此國ノ内廣南《クワウナン》《シイナム南京》《カンナー漳州》ト云處《トコロ》ヨリ来《キタ》ルヲ交趾《カウチ》舟《フネ》ト云也廣南ハ今ノ城下ト見ヘタリ安南國《アンナンコク》ト云モ此邊《ヘン》ノ總《ソウ》号《ガウ》ト見《ミ》ヘタリ國主《コクシユ》有《アツ》テ仕置《シオキ》ス

海上日本ヨリ千四百里唐《タウ》ノ西南《セイナン》ノ方《カタ》ニテ雲南《ウンナン》ノ

邊ヨリハ陸路《リクロ》往来《ワウライ》アリト云外羅《ソハロツ》尖筆羅《センヒツラ》ナンド云島名[illegible]國《コク》ノ内ニテ船寄《フナヨ》スル所也何レモ五月以後ノ南風ニテ長崎ヘ来ル也

北極出地事十五度ノ國也或十六度ノ所モ有リ

四季《キ》大寃《タイワン》等《トウ》ヨリ又暖《ダン》國《コク》也霜《シモ》雪《ユキ》ト云事一生《イツシヤウ》不知《シラ》也

此ノ國夏秋ノ間《アヒタ》ニ大河《ガ》ノ水《ミヅ》増《マサ》リテ平地《ヘイチ》ニ溢《アフ》レ田地《テンチ》水深《フカ》クナル故ニ其ノ禾《クワ》稲《タウ》水ニ随《シタガウ》テ漸《ヤウヤク》長《チヤウ》ジテ稲茎《イネクキ》ノ

長廿七八尺或《アル》ハ一丈ナル者アリ此ノ時居民《キヨミン》尤《モツトモ》難義《ナンギ》也人物《シンフツ》衣服《イフク》今ノ唐人《タウジン》ノ形《カタチ》トハ別《ベツ》也明朝《ミンテウ》ノ時ノ形ニ似《ニ》タリ人ノ顔色《ガンシヨク》少《スコ》シ黒《クロ》ク頭《カシラ》ハ日本ノ男子《ナンシ》ニ似《ニ》テ少《チイサ》ク百會《ハクヱ》ニ廿カヤキヲ剃《ソリ》タリ女ノ人ハ日本ノ下女《ゲジヨ》ニ似《ニタ》リ男女トモニ歯黒シ歩行《ホカウ》スルニ必《カナラス》笠《カサ》ヲ著《キ》ル此ノ國往古《ワウコ》ヨリ唐土《タウド》ニ隨《シタカ》ヒ海陸《カイリク》ノ往来《ワウライ》不《ザル》絶《タヘ》故《ユヘ》ニ唐《タウ》ノ文字《モンジ》ヲモ用《モチ》ヒ唐ノ風儀《フウギ》禮法《レイハフ》ヲ尊《タツト》ブ此ノ國ニハ唐人モ餘多《アマタ》居住《キヨジウ》ス

又ハ福州漳州ノ商船《セン》此國ニ行《ユキ》テ諸邑ヲ調ハ日本ニ来ルヲ交趾《カウチ》船《フネ》ト云也住《ヂウ》居《キヨ》ノ唐《タウ》人國《コク》主《シユ》ノ下《ゲ》知《ヂ》ニテ日本渡《ト》海《カイ》ノ商《シヤウ》船《セン》仕出《イダ》シ来ルモ有《リ》之其船ニ地ノ人モ乗渡ル事アリ又昔《ムカシ》日本人《ジン》此國ニ渡《ト》海《カイ》ノ時留《トヾ》マツテ居住セシ者《モノ》多シ日本町《マチ》ト号《ガウ》シテ一町アリテ其子《シ》孫《ソン》有之由《ヨシ》

土產

奇楠　深山ニテ枯木自然ニ朽テ洪水ニ流レテ谷ニ[illegible]出
民拾ヒ取ル者ヲ上好トス其餘ハ生木ヲ[illegible]歟
年ヲ經テ取テ朽腐ノ所ヲ去テ心ヲ用ル木ノ葉ハ日本ノ[illegible]ニモ
チトヽ云木ニ似タリトゾ

沈香　奇楠ニ同キ木ナリ　黄絲　紬　紗　羅

王絹《ワンケン》　國主ニ貢スルモノナリ　絲頭《アライト》　糸線　木綿嶋《モメンシマ》　柳條布ノ書　烏綾

牛黄　藤黄　繪具ノ朱黄　紫梗　姜黄　鐵刀木

胡椒　樹皮　檳榔　蘇木《スワウ》　大風子

漆　蠟　安息香　乳香　椰子《ヤシ》　并油

椰子由木ハ日本ノ棕櫚ニ似テ長大也其葉ハ甚廣ク屋ヲ覆フ
カ[illegible]樹皮ト子ノ殻皮ハ舟ノ綱トスル二千年不朽

鮫 是ヲ唐人沙魚皮ト書 砂糖 白・黒 氷 浮石糖《カルくル》 砂糖蜜 青黛

礬枝花《ハンシヤ》 牛皮 牛角 木綿糸《モメンイト》 花布《サラサ》

山歸來 烏藥 肉桂 霍香 甘松

此ノ外少々藥種有之

東京《トンキン》

〽此國根本《コンホン》交趾國《カウチコク》ノ都《ミヤコ》ナリシニ近代《キンタイ》東京《トンキン》交趾《カウチ》ト各別《カツベツ》ニ分《ワカ》レタリ往古《ワフコ》ヨリ中華《チウクワ》ノ仕配《シハイ》ニテ交趾《カツチ》ノ

令《レイ》トテ守護《シユコ》ヲ置《オキ》タルハ此東京《トンキ》也ト云リ舊《キー》ハ兄弟《キヤウダイ》ノ國ニテ一國ナリシカ𪜈子孫《シソン》ニ至リテ爭起《アラソヒオコ》リテ軍《イクサ》不絶《タヘ》兩國《リヤウコク》ノ界《サカ》イ儀《ギ》安《アン》ト云所ニ山アリ此山ノ肉《ニク》桂《ケイ》天下ノ名物《メイブツ》ナリシヲ兵火《ヒヤウクワ》ニ儀安《ギアン》ノ山燒《ヤケ》テ近年《キンネン》ハ勝レタル肉桂《ニクケイ》不持来《モチキタラ》也儀安《ギアン》布政《フセイ》鎮州《チンシウ》等皆《ミナ》此國ノ内ニテ船《フネ》著《ツク》ル所也

鎮州ハ交趾ノ内ナリト云

海上日本ヨリ一千六百里

中華ヨリ陸地《リクチ》ハ交趾《カウチ》ヨリ近《チカ》ク海路ハ交趾ヨリ遠《トホ》シ

此ノ國ノ南海ニ鎭南《ナン》道《ドウ》ト云島《シマ》アリ往《ワウ》來《ライ》ニ船《フナ》著《ノリ》ル所也
北極ノ出ル地事十八度《ト》ノ國也
四季《キ》交趾《カウチ》ヨリハ涼《スヾ》シキ地ナリ
人物《ジンブツ》交趾《カウチ》ヨリハ又中華《チウクワ》ニ似《ニ》タリ但シ月額《サカヤキ》無《ナ》ク髮《カミ》ヲ俗近代ハ月額ヲ剃タルモ多シト云リ
束《ツカ》ヌ齒《ハ》ハ交趾ト同ク黒《クロ》シ此ノ邊ノ國何《イヅレ》モ風俗《フウゾク》ニテ金《キン》
麻《マ》ト云モノヲ喰《クラフ》也キンマ葛《カヅラ》ト云葉《ハ》ニ梹榔子《ビンラウジ》ヲ刻《キザ》ミタ
ルヲ包《ツヽ》ミテ食《シヨク》スル者《モノ》也齒《ハ》ヲ黒クスル性也客人《キヤクジン》来《キタ》レハ

必先金麻ヲ器《ウツワモノ》ニ入《イレ》テ出《イダ》ス也

此ノ國ニハ阿《ヲ》蘭《ラン》陀《ダ》人モ商《シヤウ》賣《バイ》ニ往《ユク》也尤《モツトモ》唐《タウ》船《セン》此ノ所ニ往《ユキ》テ土《ト》産《サン》ヲ積《ツミ》テ日本ニ来レリ其ノ舟ヨリ地ノ人モ来ル也此ノ國ニモ住《ジウ》居《キヨ》ノ唐《タウ》人《ジン》甚《ハナハダ》多《オホ》ク又背《ハカニ》居《キヨ》住《ジウ》セシ日本人ノ子《シ》孫《ソン》モ有ル之由《ヨシ》

土産

小黄絲　黄《ホウ》絹《ケン》

綾子　縐紗　紗《サ》綾《リン》

紗　羅《ロ》　紦《バア》　紕《レコロン》　牛絨トモ　天鵞絨

◉唐人ハ臙脂色布ト書リ総テ唐ハ木綿ヲ綿布トモ云木綿ト云

綃《レヨウ》　五糸《ムリセウ》　木綿《モベン》白　黒　椛木綿《カハモメン》◉　麝香　雲南ニ　同ニ上好

硇砂　肉桂　上好　藿香　青葉　龍眼肉　山歸来

亞鉛　石黄　繪具ニ用　檳榔子　護神香　蘓木

漆　上好　早乾キ　乳香　木香　束香　土焼物　色々

塗物道具　色々朱塗又ハ箔蒔繪多シ　糸頭《アフイト》　テレメンテイ　木ノ油ナリ外科多ク用之

鳥獸　色々

此外藥種等有之

右ノ外國《グワイコク》何《イヅ》レモ唐土《タウド》ノ下知《ゲチ》ニ從《シタガツ》テ其法《ハフ》ヲ貴《タト》ミ唐《タウ》

ノ文字《モジ》ヲ用《モチ》ユ詞《コトバ》ハ其國ノ郷談《キヤウダン》ニテ各別《カクベツ》也衣服《イフク》ハ

清朝《セイテウ》ニモ不改《アラタメ》此文字通用《ツウヨウ》ノ國ハ皆箸《ハシ》ヲ取《トリ》テ食《シヨク》ス

横《ヨコ》文字ノ國ハ何《イヅレ》モ箸《ハシ》ヲ不用《モチヒ》手《テ》ツカミニ食スト可

知但大寃《タイワン》等《トウ》ノ土民《ドミン》ハ今モ手《テ》ツカミニ食スト云リ

外夷《グワイイ》 横《ヨコ》文字ノ國ニ也、

占城《チヤンパン》 北極ノ出地事十一度半ノ國也

海上日本ヨリ一千七百里方角《ハウガク》交《カウ》趾《チ》國ノ南《ミナミ》ナリ
古ノ林《リン》邑《ユウ》國《コク》ト云シハ此ノ國ノ事ナル由
四季《キ》東京《トンキン》ヨリ大ニ熱國《ネツコク》也此ノ國ノ邊《ヘン》ヨリ南天竺《ナンテンチク》ノ内也ト云此ノ國交趾國ノ内ニテ交趾ヨリ仕置《シオキ》スル所モ有之トソ大《ダイ》佛ト云所モ此國ノ内也唐人往来《ワウライ》ノ津《ツ》也
此ノ國ノ者《モノ》日本ヘ船《フネ》仕《シ》出《ダ》シ来ル事ナシ唐人此ノ所ニ往《ユキ》テ諸《シヨ》色《シキ》ヲ調《トヽノヘ》日本ニ来ル也

人物甚賤《イヤシ》ク常《ツネ》ニ裸《ハダカ》ニテ往来《ワウライ》ス詞《コトハ》蠻語《バンコ》ニ似《ニ》テ曾《カツ》テ不通各別《ベツ》也以下ノ諸夷皆《ミナ》同前也準《ジユン》之可知《シル》

土產

奇楠《キヤラ》　沈香　束香　鮫 色々　白礬枝花

樹皮　檳榔子　椰子《ヤシウ》 同ク油　藤　蘇木

丁子 木ノ實 丁子ト云　白檀　茴香《ウイキヤウ》　鼈甲《ベツカウ》　魚膠《ニベ》

鳥獸 色々インコ孔雀ノ類 又ハ山猴大猿ノ類

東埔寨 トニホウチヤ カボウチヤトモ云 北極ノ出地事十二度《ト》ノ國也

海上日本ヨリ千八百里占城《チヤンハン》ノ西唐《タウ》ノ西《セー》南ノ方也南天竺ノ内ニテ四季《キ》熱《チツ》國《コク》也國主《シユ》在《アツ》テ仕置《オキ》ス此地ニ大河《ガ》有リ天竺《テンヂク》恒河ノ末ニテ洪水《コウスイ》ノ地ナリ初秋ノ比《コロ》ハ河水《スイー》漸《ゾウヤ》ク増《マシ》テ平地《チ》ニ溢《アフ》ル、故ニ家《カ》居皆《ミナ》水ニ浸《ヒタ》リテ二階《カイ》ニ住《スミ》テ舟《フネ》ニテ往来《ワウ》シテ諸用《シヨヨウ》ヲ便《ヘン》ス魚鳥《ギヨテウ》野菜《ヤサイ》等舟ニテ買賣《バイバイ》スル事也此《コノ》故ニ河邊《カヘン》ノ民屋皆搆階《コウカイ》ヲ造《ツク》ル也冬《フユ》ニ至テ水漸ゝ《ゼン〳〵》ニ減《ヘリ》テ極月正月ノ比《コロ》水去《サリ》テ木ノ平地ニ居住《キヨヂウ》ス尤山近《チカ》ク地高キ所ハ左《サ》モナシ常《ツネ》ニ蚊《カ》ノ大ナル有《アツ》テ人ヲ食《クラ》フ故ニ貴《キ》人ハ晝《ヒル》モ蚊帳《カチヤウ》ヲ引也下賤《セン》ノ者ハ暫時《ザンジ》モ團扇《セン》ヲ不ㇾ放《ハナタ》持《モチ》テ蚊《カ》ヲ拂ナリ人物殊《コトノ》外《ホカ》賤《イヤ》シク常ニ裸《ハダカ》ニテ歩行《カウ》皆《ミナ》跣《ハダシ》ナリ毎日ニ幾《イク》度モ水ヲ浴《アビ》ル故ニ色甚《ハナハダ》黒シ下賤《セン》ノ人ハ[illegible]ヲ不ㇾ知ㇾ富貴《フウキ》ナル者モ裸《ハダカ》ニテ腰《コシ》ニ島《シマ》木綿花布等ヲ纏《マト》

テ草鞋《ワイ》ヲハキ蘇笠《フソカサ》ヲ著《キ》テ歩行《ホカウ》スル故邑《イロ》モサノ三県カラス耕《カウ》作ハ一ケ年ニ二ケ度或ハ三ケ度熟《ジユク》スル故ニ米穀《ベイコク》甚タ易シ白米百斤《キン》二文高《タカ》キ時三文ナリ國中ニ乞《コツ》丐《ガイ》飢《キ》人曾《カツ》テ無《ナシ》之トゾ

此國ノ人日本ニ来ル事稀《シ》也唐人此國ニ行《キ》テ諸邑調《トヽ》ヘ船仕出シ来也此以前日本ニテ唐《タウ》渡《ワタ》リト号シテ長崎ヨリ渡《ト》海セシハ皆《ミナ》東京交趾《カウチ》東埔寨《カンボウヂヤ》暹羅《シヤムロ》ニ

行テ唐土中華ニ往《ユキ》シニハ非ス其渡《ト》海ノ船ヲ御朱印舟ト号セシモ公儀《コウギ》ヨリ免《メン》許ノ御朱《シユ》印《イン》ヲ申賜テ渡海セシ故也其船《フナ》主京《キヤウ》堺《サカヒ》長崎《サキ》ノ町《マチ》人也

土産

鹿皮　山馬　獐皮　牛皮　牛角　象牙　虎皮

犀角　犀皮煮テ食スルニ甚賞翫ナリ　血竭《キリンケツ》　漆下品

蘇木　黒砂糖烏糖トモ　大風子　籐　籐蓆《トウムシロ》ト云

㮈枝花　蠟・牛蠟　魚膠　紫梗

檳榔子　樹皮《タンガラ》　雌黄《レワウ》　皷色々　椰子

多羅葉《タラヨウ》　但カキヤンハ椰子ノ葉ニテ多羅葉ハ別ナル物　多羅蜜《タラミツ》　多羅葉ノ實ヲ蜜漬ニシタルモ也

鳥類　インコ孔雀鶴鳩色々アリ　獸色々山豕大猿　此外少々有之

無角龍《ツノナキリウ》　東埔寨ノ河中ニ多シ大蛇ナリ常ニ河底ニ居テ人ヲ害スル事無レ偶人ヲ悩ストキハ人殺之レテ食ス

太泥　タアニイ　北極ノ出地事十二度ノ地也

海上日本ヨリ二千二百里南天竺ノ内也東埔

寨ノ西南ニテ所狭《セバ》ク尤下國也守護《シユコ》有テ仕置ス
四季人物東埔寨ニ同シ詞《コトハ》ハカボウチヤニモ非《アラ》ス別《ベツ》也
太泥東《タウ》埔《ホ》寨《チヤ》ノ本國ハ三佛《フツ》齊《サイ》ト云國也其地海《カイ》邊《ヘン》ニ
隔《ヘダ》ル故日本ニ船不来其土產海邊ノ國ヨリ持渡レリ
太泥《ニ》ニモ唐人《タウジン》往テ諸《シヨ》邑ヲ持《モチ》来ルヲ太泥船ト云リ地
ノ人ハ船ヲ日本ニ遣《ツカハ》ス事ナシ偶地ノ人水主ト成テ唐
船ニノリ来ル事ナリ

土産

砂糖蜜　胡椒　燕《ヱン》窩　南海ノ島石岩ノ間ニ白藻ヲ含ミ来リテ巣ヲ造ルセ　鮫　色ヽ

錫　樹皮《タニカラ》　丁子　牛角　牛皮

西國米《サンゴビイ》　又ハ沙谷米《サゴビイ》ト書ク日本ノ榎《エ》木ノ如クナル木ノ皮ヲ撞テ水ニ浸シ其センヲ取テ乾シ細末シテ水ヲ打テ丸シタル物ナリ

氷片　丁香皮　阿片《アヒン》　蘇香油　降眞香

沈香　藤　藤席　佳文席《アンダゴザ》《カモンセキ》　蠟

乾蝦　山豕《ヤマブタ》　猿猴　麝香猫　大猿　甚人ニ似タリ

孔雀　インコ鳥 羽毛青緑ニテ嘴虎爪ノ形ニシテ赤シ　鶴　鴿 チヤウセウ ハトト云

乳香　薫陸　安息香　白檀　蛇 蛟ノ類也小キ者ヲ持来ル

右ノ外鳥《テウ》獣《シウ》色々多キ所ナリ

六甲《ロツコン》 或六崑屯

北極ノ出地事十度也

海上日本ヨリ二千二百里太《タ》泥ノ南並《ナラ》ヒノ國也

守護アリ此國モ南天竺三《サン》佛《プ》齊《ツアイ》ノ類《ルイ》國ニテ境

内太《タ》泥《ニ》ヨリ又狹《セマ》ク賤《イヤシ》キ國也

四季太泥ヨリ又熱《ネツ》地ナリ人物太泥ニ同シ甚ダ下國也
此國ノ人ハ日本ニ不来唐人行テ船仕立テ来也

土産

蘇木　樹皮《タンカラ》　錫　鹿皮　牛皮
水牛角　象牙　籐　籐席　燕窩《エンス》
檳榔子　乳香　鮫　鳥獣色々

暹羅《シャムロウ》

北極ノ出地事十三度ノ國也

海上日本ヨリ二千四百里東《トン》埔《ホウ》寨《チヤ》ノ西北ニテ唐《タウ》土《ト》ヨリハ西《ニシ》南《ミナミ》ノ方ニ當レリ則《スナハチ》南天竺《ヂク》是《コレ》也モウル國ノ手《テ》下《シタ》ノ國ナル由《ヨシ》國主有テ仕置《ヲキ》ス此所ヨリ國主ノ船《フネ》トテ大船一二艘《ソウ》充《ツヽ》毎《マイ》年来レリ船《セン》頭《トウ》役《ヤク》者《シヤ》ハ此地居《キヨ》住《ジウ》ノ唐人也其外ハ暹《シヤム》羅《ロウ》人《ヒト》モ乗《ノリ》来《キタ》レリ偶《タマヽヽ》モウル人モ此國ノ船ヨリ乗《ノリ》渡リシ事アリ唐人阿《ヲ》蘭《ラン》陀《ダ》人モ往《ユキ》テ諸《シヨ》色ヲ辨ジ日本ニ積《ツミ》來《キタ》ル也

四季熱國也仲冬ノ比《コロ》ヨリ正月初《ハジ》迄夜冷《ヒヤ》カニ晝《ヒル》モ少《スコシ》涼シ其外ハ皆暑《ショ》氣《キ》ナリ東埔《ホウ》寨《チヤ》大泥等《ラ》ノ國モ皆同前也是等《ラ》ノ國ニハ人ノ煩《ワツラヒ》熱《ネツアツ》有テ病《バム》コトアレバ則《チ》水ヲ頭《カシラ》ヨリ多《オホ》ク浴セシメテ即《チ》病氣《ビヤウキ》愈ユ國主ハ毎日金字ヲ水ニ磨《スリ》テ呑《ノム》ト云

人物是等《ラ》ノ國ハ皆不《フ》斷《ダン》裸《ハダカ》ニテ腰《コシ》ニ木綿《メン》島花布《サラサ》ノ類《タグイ》ヲ捲《マ》キ其《ノ》餘《アマリ》端《ノハシ》ヲ肩ニ掛ルヲ禮儀《レイギ》トス色黒《クロ》ク毛《マウ》

髪短ク縮《チヾ》ミタリ中人已下ハ皆跣足《ハダシ》也一年ニ二度或ハ三度耕作《カウサク》スル故ニ米穀《コク》甚《ハヽ》易《ヤス》ク乞丐《コツカイ》者《モノ》稀《マレ》也ト云釋《シヤ》迦ノ生國《シヤウコク》中天竺ハ是《コレ》ヨリ北《キタ》ニ當《アタ》リテ四十日路《チ》程《ホド》也暹羅ノ近邊《キンヘン》ニ琶《ペ》牛《グウ》ト云國アリ此所迄《マデ》釋迦佛到《イタ》リ玉ヘル由《ヨシ》ニテ伽藍《ラン》等《トウ》今モ歴《レキ》々ト有之尤暹羅ニモ寺有テ出家モ多シ唐《タウ》日本ノ出家ノ作法《サハフ》ニ各《カク》別ナル事多ク横《ヨコ》文字ノ經《キヤウ》ハサノミ不多ト也長崎ノ町人

天竺ニ渡海ノ時暹羅ヨリモウル國ヲ經テ中天竺ニ往テ釋迦ノ舊《キウ》跡《セキ》等《トウ》ヲ見タル者三十年已前迄《マテ》存《ゾン》命セシアリ其ノ咄《ハナシ》色々有リト云ドモ繁《ハン》多《タ》ナル故ニ畧《リヤク》之ヲ

此ノ國ニモ日本人《ヒト》渡《ト》海《カイ》ノ時住《ジウ》居《キヨ》セル者《モノ》ノ子孫今ニ多有ル之《コレ》由尤唐《タウ》人モ多《ク》居《キヨ》住ス

土產

花毛氈　花布《サラサ》　木《モ》綿《メン》島色々　大木綿　白檀

水牛角　鹿皮 色々　鮫　象牙　犀角

犀皮　牛皮　紅土《ニツチ》　錫　亞鉛

黑砂糖　切砂糖　白砂糖 下品少々　藤　藤席

白焇硝　藤黃 繪具　漆 ベグウト云國ヨリ出ル者上好也可《ベク》ウルシト云ハ誤ナリ　血竭《キリンケツ》

鬱金《ウコン》 サフラント云多ハ染物ニ用ルナリ又ハ唐人魚肉ノ料理ニ用藥種ニ用ルハ別ナリ　蠟 黃白　大風子

椰子 同油　檳榔子　大腹皮　姜黃　礬《ハン》枝《ヤ》花

多羅蜜 多羅葉ノ實ヨク蜜漬ニス　胡椒　乳香　肉桂　阿片

白荳蔲　阿仙藥　蘆薈　綠礬　膽礬

燕脂　藻玉 萍ノ實ナリ色赤ク堅シ　海椰子《ツミヤシフ》《コキーイニヨ》 海中ノ藻ノ實也其形椰子ニ似テ少シ内外ノ痛ニ用

黒胡麻 同油　西國米《サンゴベイ》 上ニ記ス　繰綿《クリツム》　木綿糸　花莚 是ニ習テ長崎ニテ造ル

サボン 灰汁《アク》ヲ煉カタメタル者色白ク鹹シ衣服ヲ洗フニ用ユ能垢ヲ去　蘇木　魚膠《ニベ》

虎《トラ》皮　蛇皮　鶏 甚大ナリ　鳥獸 色〻孔雀インコノ類山豕ノ類

米 白米也皆日本ノ白大唐ト同シ船ノ足カタメニ積來ル者ナリ　班竹 ラ宇國ヨリ出ル故ニラウ竹ト云

右ノ外少〻有之其内モウル國ノ土産《トサン》ヲ積《ツミ》來ル

類多ニ盡ク難《カタシ》記《キシ》

母《モ》羅《ロ》伽《カ》 満《マ》剌《ラ》加居或ハ麻六甲ト云 北極ノ出地事二度半ノ地ナリ

海上日本ヨリ千七百餘里六甲ノ南ニテ南天竺ヨ

東南ノ極《キハメテ》端《ハシ》ナリ暹《シャ》羅ヨリハ西南ニテ小國也近《キン》代

阿蘭《ラン》陀《ダ》人ノ手下ニ屬《ゾク》テヲランダヨリ仕《シ》置《オキ》ス

四季大熱《ネツ》國ナリ此國ノ邊《ヘン》ハ一年八季《キ》ノ國トテ春《ハル》

二度《ト》夏《ナツ》二度秋《アキ》二度冬《フユ》二度アル國也冬ト云トモ

日本等《トウ》ノ冬ノ如クニ寒ハ無之只此方ノ四五月ノ間《アヒダ》ノ氣《キ》候《コウ》ナルヲ冬《フユ》トス然《シカ》ルトキハ此國ノ夏《ナツ》ト云時ノ暑《シヨ》氣《キ》可《ベシ》察《サツス》又此國ハ一年ノ間一日モ曾《セツ》テ雨不零《フラ》ノ日ハ稀《マレ》ニテ常《ツネ》ニ雨《ウ》溼《シツ》ノ氣《キ》有故ニ他國ノ人此國ニ来レハ必ス煩《ワヅラ》フ事アリトソ

人物衣《イ》服《フク》ヲランタ人ニ似《ニ》タリ下《ゲ》賤《セン》ノ者《モノ》ハ色《イロ》甚《ハナハダ》黒《クロ》ク常ニ裸《ハダカ》也諸《シヨ》人琵《ビ》琶《ハ》ヲ弾《ダン》ズル事ヲ好《コノ》ンテ遊《ユ》戯《ゲ》ヲ専《モツハラ》ト

スト云地ノ人ハ日本ニ船《フネ》遣《ツカハ》ス事ナシヲランダ船此國ヨリ仕出ス事アリ唐《タウ》人往《ユキ》テ唐船仕出シ来ル事モ有《リ》

土產

象牙　犀角　錫　鮫　燕窩

胡椒　朱　ペイタラボルコ　石藥也能毒ヲ解ス　玳《タイ》瑁《マイ》ベツカウヲ云

畜類　色〻多シ　米　此邊ノ國ヨリ出ル米ハ皆太唐米也白米百斤二匁三匁ヨリ高キ事ナシトソ

莫臥爾《モーウル》　或回回國ヲ以テモウルト訛スル者ハ甚誤レリ　北極ノ出地事廿一二度《ト》

海上日本ヨリ二千八百餘里暹羅《シャムロ》ノ西北ニテ、南天竺第《タイ》一ノ大國也國ヲ十四道《ドウ》ニ分《ワカ》ナリ國主《シュ》在テ仕《シ》置《オキ》ス其屬《ゾク》國甚《ハナハダ》多シ

國十四道アリテ四季不同アリ

四季暖《ダン》國也唐《タウ》土《ド》廣《カン》東《トン》國《コク》ノ氣《キ》候《コウ》ニ同シ

人物シヤム人ニ似《ニ》タリ下《ゲ》賤《セン》ハ色《イロ》黒《クロ》シト云圧貴《キ》人《ジン》ハ黒《クロ》カラズ詞《コトバ》シヤムニ凡通《ツウ》ジテ少《スコシ》別《ベツ》也人《ジン》品《ヒン》常《ツネ》ニ靜《シヅカ》ニ見ヘテ騒《サハガシ》キ事ナク愚《オロカ》ナルカ如クニシテ智《チ》アリ人身ノ保《ホウ》

養《ヤウ》ヲ能《ヨノ》シテ長命《チヤウメイ》ナル國也達磨《タルマ》大師《タイシ》ハ此國ノ人ナル由《ヨシ》
此國ノ船以前《イゼン》ハ長崎ヘ来レリ近年ハ不来唐人モ往事《ユクコト》
ナシ此國ノ人ハ暹羅船《シヤムフイ》ヨリ長崎ニ来ル事アリヲランダ
人ハ此國ノ内ヘ往《ユク》所モアリト云

土産

木綿島ノ類 其名色々アリ　花布《サラサ》 色々上品　奧島　花毛氈

カナキン木綿　金入木綿　糸織物島ノ類　塗物道具

土焼物 色々 鑄物道具 鉄器 銅器 カツプリ小刀 大小色々
象眼道具 細物 色々 異物ノ藥種
此外土產多シ

咬𠺕吧《カラパ》 ジヤガタラトモ云 南極ノ出地車八度 或六度 北極ハ地ニ入テ不見
海上日本ヨリ二千四百里南天竺ヨリ遥《ハル》カ南ノ
島《シマ》ナリ一國ノ總名《ソウメウ》ヲ呱哇《ジヤワ》ト云其國ノ都《ミヤコ》也阿蘭陀《ヲランダ》
人地子《ヂシ》ヲ以テ地ヲ借《カリ》テ城廓《ジヤウクワク》ヲ構《カマ》ヘテ居住《キヨヂウ》シ日本

其ノ外ノ國〻ヘ商《アキナヒ》船《フネ》遣《ツカハ》ス阿蘭陀《ヲランダ》ノ國主《コクシユ》ハ本國ニ在ト云𪜈諸方《シヨハウ》ニ遠《トヲ》キ國ナレ故此ノ國ニ代官《ダイクワン》ヲ置《オキ》テ諸國商船《シヤウセン》ノ下知《ゲヂ》ヲナサシム其ノ代官ヲゼ子ラルト云則チ今ニシヤガタラノ守護《シユゴ》トシテ仕置《シオキ》ス日本ニ毎年《マイネン》来ル處ノカビタント云ハゼ子ラルノ下手代《シタテダイ》ナリ此ノ國近年ハ一國皆《ミナ》ヲランダノ下知《ゲヂ》ニ從《シタガ》フト云唐《タウ》人モ此ノ國ニ商船《シヤウセン》乗行《ノリユキ》テ阿蘭陀《ヲランダ》ノ免許《メンキヨ》ヲ受《ウケ》テ日本ニ商

船仕立《タテ》来《キタ》ル也
四季《キ》大熱《ネツ》國也四時ノ序《ジヨ》唐《カラ》日本ト相反《ソウハン》セリ唐土日本ノ冬《フユ》ハ此ノ國ノ夏《ナツ》也常《ツネ》ニ暑《シヨ》熱《ネツ》ニシテ取《トリ》分《ワケ》日本冬ノ時此ノ國夏《ナツ》ノ最《サイ》中《チウ》ニシテ甚熱スル時也日本ノ五六月ノ時分此ノ國ハ少《スコシ》涼シク夜《ヤ》陰《イン》衣《イ》服《フク》ヲ用《モチ》ユル時分アリ是ヲ此國ノ冬《フユ》トス此ノ國ノ春《ハル》ハ日本ノ秋《アキ》此ノ國ノ秋ハ日本ノ春ニ當《アタ》レリ總《スベ》テ四季《キ》ヲ立テ用ユル事ハ唐日本ノ事

也此邊《ヘン》ノ熱《子ツ》國ハ何《イヅ》レモ八季《キ》ヲ立ルト也一年ノ内ニ春

二《ツ》夏二《ツ》秋二《ツ》冬二《ツ》也

人物甚賤《イヤシ》ク色《イロ》黒《クロ》シ常《ツ子》ニ裸《ハダカ》也形《カタチ》暹羅《シヤム》人ニ似リ詞《コトバ》又

別《ベツ》也此國ノ人日本ニ船《フ子》遣《ツカハ》ス事無之ヲランダ唐《タウ》人ト

船遣ス也其船ヨリ地ノ人水主《スイシユ》等《トウ》ニ成《ナツ》テ長崎ニ來ル有

此國ニ居住《キヨジウ》ノ日本人唐人モ有之皆戎蠻《バン》類《ルイ》ノ日

本人御禁制ノ時長崎ヨリ男女多ク亞媽《アマ》港《カハ》或咬

嚼吧等《ハアトウ》ニ遣《ツカ》ハサル其中此ノ國ニ在シ人ノ中長命ニテ迄《マ》
年迄存《ゾン》生《ジヤウ》ナル者日本ノ縁《エン》類《ルイ》朋《ホウ》友《ユウ》ニヲランダ或ハ唐船
ヨリ不絶《タヘ》書《シヨ》状《ジヤウ》音《イン》物《ブツ》等《トウ》有《リ》之シナリ最《モツト》モ来《ライ》書《シヨ》返《ヘン》書托ニ
公儀《コウギ》ニテ改《アラタ》メ有《アツ》テ後《ノチ》ニ渡《ワタ》サル
此ノ所ノ湊《ミナト》ニ商船出入ノ時分荷《ニ》物ノ多少ニ應《ヲウ》シテ少
運上《ウンジヤウ》ヲ取《トツ》テ其ノ銀ヲ集《アツメ》置《オキ》テ湊口《ミナトクチ》又ハ船ノ掛《カ》リ場《バ》ノ普《フ》
請《シン》料《レウ》トシテ守《シユ》護《ゴ》ノ方《カタ》ヘハ少モ不取ト云

土産

黒木綿　咬嚠吧島　沈香　乳香　沒藥

朱砂　石黄 藥石也繪具ニ用ユ　紫檀　白檀　丁子

血竭《キリンケツ》 猴ノ身ニ生スル石ト云猴棗ト書ハ誤ナラン

猴棗《ガザル》 ヘイタラバサル也羊ノ如クナル獸ノ胃ノ腑ニ生スル石ノ玉ナリ萬毒解ニ用其外功能多シ唐人

砂糖 白黒 氷レミ　蘇木　胡椒　漆　蠟

蜜

燕窩《エンス》　番木鼈《マチン》　檳榔　肉荳蔻《ニクヅク》

巴旦杏

蘇香油　ビリヽ 魚ノ膽ニ加藥シテ煉堅メタル 魚ノ血トモ云虫霍亂ヲ治ス

龍脳　安息香　ジンセウ繪具ニ用　白ハニヤ

煙草　魚膠　籐　籐席　佳文席《ゴザ》

竹節ノ間甚長シ　鼈甲　鹿皮色〻　インコ鳥　孔雀

白鳥　カズワル火喰鳥ナリ大サ四尺許　趙昌鳩　パ、鳥

貂鼠《リス》　山家　山アラレ猿大小　麝香猫　犬チンケン色〻

アラキ酒　フラスコヒイトロノ酒入ナリ大小アリ　ポスメンス山童ノ事人ニ似タル大猿ナリ

米白米ナリ彼地ニテ百斤一匁五分二匁ノ値ナリ舟ノ足カタメニ積来レリ

此ノ外細物《コモノ》少ク有リ之此ノ外諸國《シヨコク》ノ土產《ドサン》此ノ所ニ買《カイ》置《オキ》テヲランダ日本ニ持渡《モチワタ》ル也

咊哇《ジヤワ》　南極ノ出地事八九度《ド》ノ國也

海上日本ヨリ三千五百里則咬《チカ》嚁《ラ》吧《ハア》ノ本國也凡ツ日本程《ホド》ノ島國《シマグニ》トブ此ノ國天竺ノ地ニ非《アラ》ス遥《ハル》ニ南方ノ大國黒《メ》瓦《ガ》臘《ラ》尼《ニ》ノ地ニ近《チカ》シ所々ニ國主《シユ》有《アツ》テ仕置ス近年《まま》ハ皆ジヤガタラノ阿《イ》蘭《ラン》陀《ダ》ノ下知《ゲヂ》ニ従《シタカフ》

トナリ

四季ジヤガタラ同前委《クハシ》クハ咬《カ》噹《ラ》吧《ハアー》ノ所ニ記ス

人物シヤム人ニ似《ニ》テ甚賤《タイヤ》シ但身《シン》體《タイ》ニ小《コ》紋《モン》カラクサノ如クナル入《イ》墨《スミ》アリ面《メン》色《シヨク》甚黒《クロ》シ此國ノ人日本ヘ船遣《ツカハ》ス事無之咬《カ》噹《ラ》吧《ハアー》出《ダ》シノ唐船ヨリ地ノ人来ル事アリ但此ノ以前此國ノ船ナリトテ阿《ヲ》蘭《ラン》陀《ダ》造《ツク》リノ大船一艘《ソウ》長崎ヘ来レリ此ノ船長サ二十五間濶《フカ》サ七間艫ノ高

八間ナリシ地ノ人モ多《オホク》乗《ノリ》渡《ワタ》レリ其後ハ不来

土產

蘇木　椰子　龍腦　沈香　丁子

胡椒　檳榔子　紫檀　籐　籐席

砂糖白黒　鳥獸一色　此外咬𠺕吧土產ノ內ニ有之

「番旦《バンタン》」

南極出地事咬《カ》𠺕《ラ》吧《バア》國ニ同シ

海上日本ヨリ二千五百里呱《ギヤ》哇《ワ》國《コク》ノ內ニテ咬《カ》𠺕《ラ》

吧《ジア》近《キン》所《ショ》也近年ヲランダ人ノ支配《シハイ》ト云リ
四季并人物等咬𠺕吧ト同シ此ノ所ノ人ハ日本ニ船
遣《ツカハ》ス事ナシ唐人此ノ所ニ往テ商船仕《シ》出《ダ》シ長崎ヘ来
リシ事アル

土産

砂糖 白 黒　鹿皮 色々　籐　同席　佳文席

沈香　丁子　鳥獣 色々

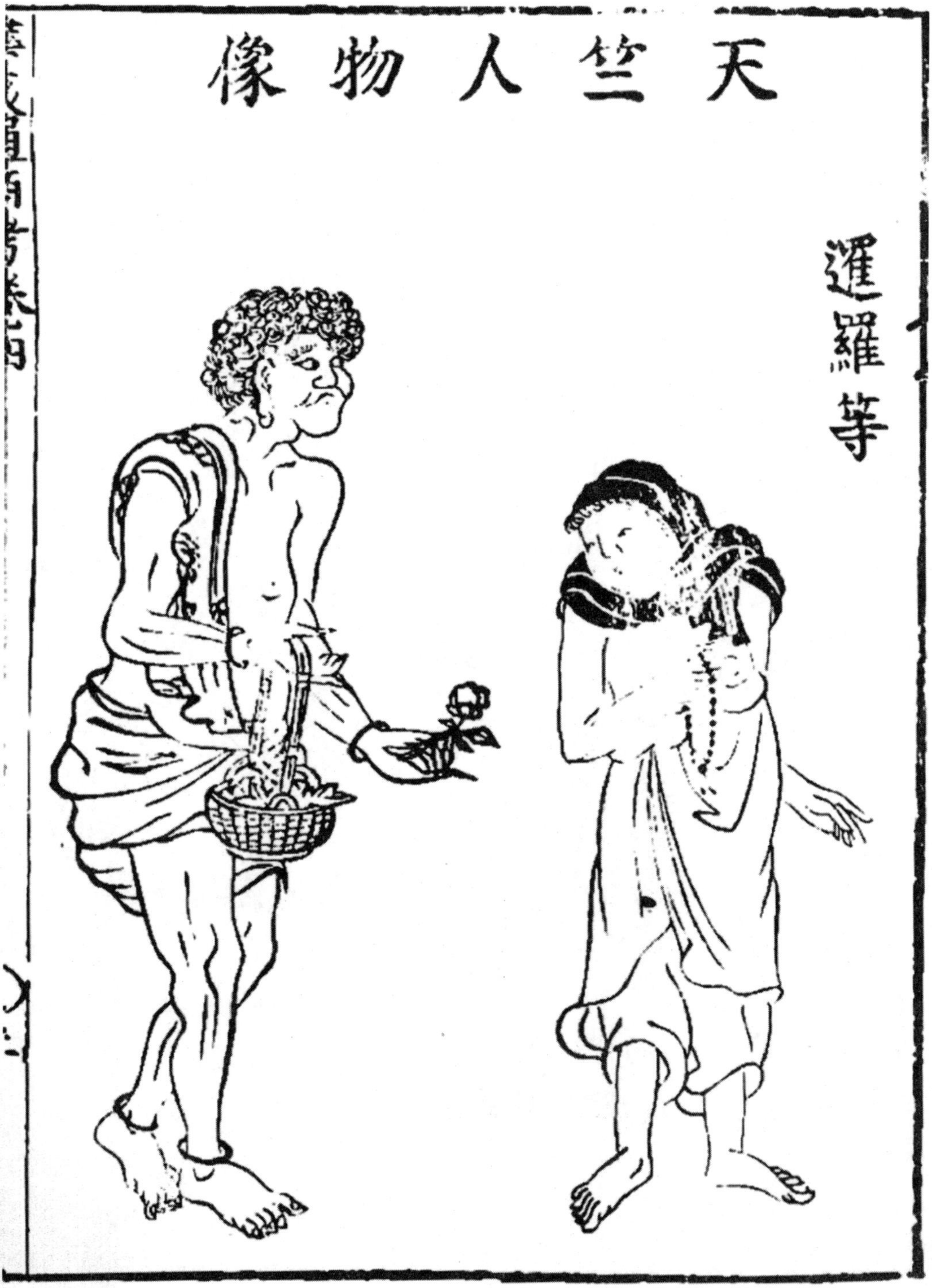

天竺人物像

紅《ヲラン》毛《ダ》人物像

増補華夷通商考巻之四

阿蘭陀《ヲランダ》

本名《ホルランド》 北極《ホツキヨク》ノ出地事五十七度ノ國也或五十三度海上日本ヨリ一萬二千九百里方角《カク》唐日本ヨリ西北ノ方《カタ》ニ當《アタ》レリ此國本ノ名《ナ》ハホルランドト云國也合テ七州有之ヲランダハ其一州也

セイラント　グルウ子ゲ　ウイタラキト　ウルトウント

ヲウブルイセル　フリイスラント　ヲランダ

已上七州也七州ニテ日本九州ノ大《オホキサ》ナル國ト云此七國ニ國主《シユ》四人アリ此四人中間《ナカ》ニ商《シヤウ》船《セン》ヲ諸《シヨ》方《ハウ》ノ國ヽヘ遣《ツカハ》ス也此國主《シユ》ヲコンハンヤト号《カウ》ス諸《シヨ》方《ハウ》ニ商船遣《ツカハ》スニ本國ハ遠《エン》方ナル故《ユヘ》咬《カ》𠺕《ラ》吧《ハ》國ニ代《ダイ》官ヲ置《オイ》テ日本諸《シヨ》方ノ國ヽヘ遣ス商船ノ下《ゲ》知《チ》ヲ爲《ナサ》シム此代官《クワン》ヲゼ子ラルト云此セ子ラル諸方ノ勘《カン》定《ヂヤウ》ヲ聞《キヽ》置《オキ》テ十五年ニ一度宛《ツヽ》本國コンハンヤニ總《ソウ》勘《カン》定《ヂヤウ》

ヲ致《イタ》スト也

四季寒《カン》國《コク》也此ノ國ノ北海ニ夜《ヤ》國アリ二千餘里也其ノ人一目《モク》ニシテ頭《ヅ》《カシラ》上《シヤウ》ニ口《クチ》アリト云或ハ無キ人ノ地モ有之由此《コレ》等《ラ》ノ國ハ半年ハ夜《ヨ》ノミ續《ツク》キ半年ハ晝《ヒル》ノミ續《ツヅキ》テ一歳《ヒトトシ》ニ一晝《チウ》一夜《ヤ》ノ國也寒《カン》極《キハメ》テ強《ツヨ》ク夜《ヨ》ノ時ハ海水皆《ミナ》氷《コヲ》レリ晝《ヒル》半年ノ時氷《ヘウ》海《カイ》少《スコ》シ解《トク》ルトゾヲランダ國ヨリ往《ワウ》来《ライ》ノ所モ有《ル》之由《ヨシ》

人《ジン》物《ブツ》色白ク頭《ヅ》髪《ハツ》赤《アカ》ク短《ミジカ》シ鼻《ハナ》高ク眼《ガン》中ニ白星アリ衣《イ》服《フク》ハ毛《ケ》織《ヲリ》ノ類《ルイ》ヲ専《モツハラ》トス貴《キ》賤《セン》共《トモ》ニ冠《カンムリ》笠ヲ著《チヤク》ス人ニ禮《レイ》スルニハ必《カナラ》ス冠《カンムリ》笠ヲ脱《ヌ》グ富《フウ》貴《キ》ハ衣服《フク》金銀ヲ餝《カザリ》テ美《ビ》ナリ劔《ケン》ヲ肩《カタ》ニ掛《カ》ク毎《マイ》年《ネン》江府《フ》ヘ参禮《レイ》シテ諸人見ル處ノ如シ　詞《コトバ》ハ天竺《チク》其ノ外ノ國トハ各《カク》別《ベツ》ニテ蠻《バン》人《ジン》ノ語《ゴ》ニ近《チカ》シトゾ詞《コトバ》皆《ミナ》脣《クチビル》ト舌《シタ》トニテ言《イフ》ナリ文字ハ横《ヨコ》文字二十四字アリ一字ヲ二字宛《ツヽ》ニ分《ワカ》ツト

キハ四十八字ト成《ナル》此外ニハ文字無之四十八字ニテ一切《サイ》事《コト》濟《トヽノフル》也日本ノイロハノ如シ

此國萬《ヨロヅノ》細《サイ》工《ク》巧《タク》ミニテ工《ク》夫《フウ》厚《アツ》ク世《セ》界《カイ》ノ大海ニ船《フ子》ヲ乗《ノリ》廻《マハ》ル事《コト》第《ダイ》一ノ上《ジヤウ》手《ズ》也天文地《チ》理《リ》運《ウン》氣《キ》ノ學《ガク》ヲ修《シユ》行《ギヤウ》ス醫《ヰ》道《トウ》モ一流《リウ》有《リ》之　長崎ヘ入《ニウ》津《ツ》ノ阿《ヲ》蘭《ラン》陀《ダ》船《フ子》本國ヨリ直《スグ》ニ來《キタ》ル事ナシ咬《カ》𠺕《ラ》吧《バア》暹《シヤ》羅《ム》等《トウ》ノ國々ヨリ其ノ土《ト》產《サン》荷《ニ》物《モツ》ヲ積《ツミ》テ長崎ヘ来ル也此ノ船《フ子》昔《ムカシ》ハ平戸《ド》ヘ入

津セシヲ寛永十八年ヨリ長崎ヘ入津セシム其ヨリ不絶《タヘ》毎年入津ス咬《カ》𠺕《ラ》吧《バア》ヲ五月ノ中《チウ》節《セツ》以後出《シユツ》船《セン》シテ七月ノ初《シヨ》節《セツ》長崎ニ入津ス八月九月ノ間《アヒダ》荷物閙賣《バイ》有《アツ》テ九月廿日定《サダメ》テ歸帆《ハン》ス此ノ時去《キヨ》年《ネン》來《ライ》朝《テウ》ノカピタンヲランダ當《タウ》年《ネン》來《ライ》朝《テウ》ノカピタンニ代《カハリ》テ歸《キ》國ス當年來朝ノカピタンハ長崎ニ逗《トウ》留《リウ》シテ來春江府ヲ勤《ツ》ム毎年互《タガヒ》ニ如此長崎ノ住《ヂウ》所《シヨ》ハ別《ベツ》ニ地ヲ築《キツ》キ一館《クワン》ヲ構《カマヘ》

ヘテ常ハ出入《シユツニウ》ヲ禁《キン》ス八月九月商賣《シヤウバイ》ノ時分ハ商

人出入免許《メンキヨ》也

土產

猩々緋

ラシヤ 大 小

ラセイタ

サルゼ

カルサイ

ヘルヘトワン

バレイタ

サエツ

アルメンサイ

ヘルサイ

ゴロフクレン

スタメン 赤 黒

サアイ

ブラアタ

ケイガドウル

チヨロケン

カベチヨロ

ドンス

タビイ

レユス

毛ビロウド　ヲランダ金入　ヲランダ錦　チヤ宇島《じま》　金ガラサ

ヲランダ萡　金唐皮《キンカラカハ》　青皮　小豆皮《アツキカハ》色小豆ニ似タリ　巾著皮《キンチヾクカハ》茄袋皮　色ゝ

水昌　珊瑚珠　瑪瑙　琥珀　水銀

朱砂　紺硝《コンセウ》繪具　グンゼウ　カナノウル血止石ナリ手ニニギリテ血ヲ止ル

ヘイタラバサル羊ノ姤クナル獸ノ腹中ニ生スル石也　ヘイタルボルコ猪ノ腹中ニ生スル藥石ナリ　キリンケツ

ウンカウル獸ノ一角アル者也其角妙藥ナリ　ミイラ色ゝ說アリ人ノ肉ニ加味シテ煉タル者也ト云

ルサラレソロルト云國ニ有木ナリ諸病ニ用　ハウデコウブラ籐葛ノ如ナル木蛇ヲ避ク　ハウデチヤンハン同上

スランガステン 蛇ノ頭ニアル石也毒解ニ用 ヘソウヤ アンボイナト云國ヨリ出ル藥種ナリ 痰ノ藥 ヲランダ痰キリト云

ヲランダサフラン 紅花ノ如ナルモノ也人參ノ代藥ニ用ユ 鐵 并ハガ子 金銀 大ハ二尺三尺小ハ四五寸一尺

火《ヒ》取《トリ》玉《タマ》 浮《ウキ》玉《タマ》 香ノ敷《シキ》 貝ノ類ニテ造リタル者ナリ ヒイドロ鏡 大 小

ヒイトロ道具 器物式造リ物色ヽ 眼《メ》鏡《ガネ》 色ヽ鼻メガ子 遠メガ子 虫メガ子 數メガ子 五色メガ子 礒メガ子

升降ノ圖 升降圖ハ近世ヲランダ持キタル、コハ弄翫ノ器ニテ古ノ升降圖ニハ非、ト云 長一尺計ノ木中ニ小キヒイトロノ棹ヲ入テアリ其ヒイトロノ棹ノ内ノ水春夏秋冬ノ四氣ニ應シテ升リ降ル也柱ニ掛テ置テ節ヲ見ル者ナリ商賣物ニハ無之尤二品アリ

星ノ圖 丸ヒ商賣物ニ非ス 世界ノ圖 丸圖平圖色ヽニアリ商賣ニ無之

加《カ》留《ル》太《タ》圖 舟ヲ乘ニ用ユル地圖商物ニ無シ 萬《マン》力《リキ》 大ナル木ノ中ニ鉄ノ棒アリ其軸ヲ廻セハ鉄棒出テ家屋ヲモ押揚ル也重寶也

金燈籠 商物ニ非ス　具足甲《グソクカブト》 同　皮ノ楯《タテ》 同　鉄炮 同　鋤 同

土圭ハ日晷ヲ計テ時ヲ知類ニテヲランダ時刻ノ鐘ヲ鳴ス者ハ自鳴鐘ナリ

カツラリ小刀 大小高下色々アリ　土《ト》圭《ケイ》 大小色々　磁石針 羅經ト云　土焼物 色々

石筆 赤黒　琥珀ノ造物 色々　造花 色々　外科道具　針ノ縫物

紙 甚厚キモノナリ　クワタランテ クワトロワントモ云星ヲ計ル物商物ニ非ス　イスタラビ 日影ヲ計テ節ヲ考ルモノ商物ニ非ス

ギヤマンテ デヤマントモ云其色紫赤多シ鉄槌ニテ打テモ砕ケズ金剛石菩薩石ノ類ナリト云　•繪 色々

鼈甲　テリアカ 合薬万病ニ用ユ　ビリヽ 魚ノ血ヲ堅メタルモノサラタ國ヨリ出ル

畜類 色々　猿 大小　犬 色々大小　トロンベイタ 河太郎ノ事也其骨薬ニ用

油類　ノセトウナ　ハルナメ　ナヘイシニイナ　丁子油　琥珀油ノ類

此外色々外科ノ用ル急證ハ不記譯人ノ知ル處ナリ

酒色々　チンタ　ブトウ酒　モウム　アラキ　アナイジフランドミシ肉桂酒

アガヒイタ　此類色々アリ　皆主ニ用造リ而薬ヲ著也

右ノ外薬種草《サウ》木《モク》鳥《テウ》獣《ジウ》細《サイ》器《キ》細《コマ》物《モノ》ノ類多ク雖《イヘ》有《アリ》之盡《コトく》クハ記《キ》シ難《カタ》シ已上ノ數《ス》品《ヒン》皆《ミナ》ヲランダ國ノ土産《トサン》ノミニハ非《アラ》ス往来《ワウライ》ノ諸《ショ》國《コク》ヨリ出《イツ》ル土産《トサン》等《トウ》尤《モツト》モ多《オホ》シ

各所ヘテ日本ニ持《モテ》渡《ワタ》ル也

右外國外夷ノ船《フ子》朝鮮《テウセン》琉球《リウキウ》ノ外ハ長崎ヘ入津スル時

分《フン》晉六八七月ノ南《ナン》風《フウ》ニテ来ル事也此ノ故ニ長崎ニテ入津ト云ハ専《モツハラ》夏《ナツ》秋《アキ》ノ間ニ来ル船《フネ》ヲ云リ其ノ餘時ニ来ルヲハ春《ハル》船冬《フユ》船《フネ》ト云也

阿《ヲ》蘭《ラン》陀《ダ》人商《シヤウ》賣《バイ》往《ワウ》來《ライ》ノ國三十五個《カ》國段ニ左《サ》ニ記ス

東《トン》京《キン》　暹《シヤム》羅《ロウ》　母《モ》羅《ラ》伽《カ》　咬《カ》𠺕《ラ》吧《バア》

此ノ四個《カ》國ハ前ニ記《キ》ス唐《タウ》人ヲランダ共ニ往《ワウ》来《ライ》ス

ケイラン　日本ヨリ海上二千百九十里

島《シマ》ナリ唐船モ日本渡海《カイ》ニ船《フナ》寄《ヨ》ル事アリ守護《シユ》在テ仕《シ》置《オキ》ス四季《キ》暖國《ダンコク》也

土産

金《コガネ》　硫黄　鹿皮　炭　沈香

ソモンタラ　蘇門答剌《ソモンタラ》或ハ スモダラ サモダラ　日本ヨリ海上二千四百里

天竺《テンヂク》ノ南《ミナミ》大海《タイカイ》ニアル島《シマ》國ナリ守《シユ》護《ゴ》無之處《トコロ》ニ各《ヲノヲノ》

頭分《カシラブン》ノ者《モノ》在《アツ》テ面《メン》〻ニ仕置《シオキ》ス商賣《シヤウバイ》ノ事《コト》ハ商人《アキント》ノ心《コヽロ》ニ任テ運《ウン》上等《トウ》ノ義《ギ》ナレ此國ハ日本ヨリ小キ國ニテ大熱國《タイーエツコク》也一年ニ八季《ト》アル國ニテ日本ノ二八月ニハ此國甚暑《ソシヨ》熱《チツ》ナリ日本ノ夏《ナツ》ト冬《フユ》トハ此國少暑氣《セウシヨキ》薄《ウス》キ時《トキ》〻逆然レ𪜈日本ノ五六月時分《ジブン》ヨリ涼《スヾ》シキ事《コト》無《ナ》ト云人物《ジンブツ》暹羅《シヤム》人ニ似《ニ》テ色《イロ》甚黒《クロ》ク常《ツネ》ニ裸《ハダカ》ニテ風俗《フウゾク》最賤《モツトモイヤシ》地理《チリ》ノ説《セツ》ニ春《シユン》秋《シウ》ニ分《ブン》ニ日《ヒ》晷《カケ》無《ナ》キノ地ト云ハ此等《ラ》ノ

國ノ事也トソ異名仙婆※祇島ト云ヲ誤テサンコレンリト云

土産

猴棗バサル唐ノ訛ニ依テ猴ノ字ヲ書ト云ヘ𪜈、實ハ前ニ記スルカ如ク羊ノ如ナル獸ナリ　胡椒　金子

佳《アン》文《ズ》席《バサ》　藤　硫黄　鼈甲　丁子　沈香

〔ヘクウ〕琶牛

日本ヨリ海上二千五百四十里

南天竺《ヂク》ノ内《ウチ》也暹《シヤ》羅《ム》ヨリ三十日路有《ミチ》ルノ由《ヨシ》釋《シヤ》迦《カ》佛《ブツ》

此所迄《マデ》ハ出《イデ》玉ヒタリトテ住《ヂウ》居《キヨ》ノ伽《ガ》藍《ラン》今《イ》ニ有リ佛

ノ[illegible]石堂《セキトウ》ノ邊ニ在《アツ》テ諸人《シヨシ》崇敬スト云最《モツトモ》國《コク》主《シユ》
在テ位置スル四季《シキ》人《シン》物《ブツ》暹羅《シヤムロウ》國《コク》ニ同シ

土産

漆　此國ヨリ出ル漆最上ナリヘダウ漆ト云ヲ誤テ可《ベリ》ウルシト云　象牙　亞鉛《トタン》　阿仙藥

ロウベン玉《メノウノ》類　米

「アノカン」亞刺敢《アラカン》　日本ヨリ海上ニ千九百四十里

南天竺ノ内也國《コク》主《シユ》在テ仕置ス暖《ダン》國《コク》也人物モウ

ル人ニ似《ニ》タリ・

土産

金　象牙　蠟　麻苧《タ》　・米

[サイロン]　セイラト云　日本ヨリ海上三千里餘《ヨ》

南方海中ノ島國也守護《シユゴ》在テ仕置ス熱國《ネツコク》ニテ人《ジン》

物《フツ》暹《シヤ》羅《ハ》ニ似《ニ》タリ

土産

肉桂　象牙　梹榔　水牛角　同皮

瑱珠　海椰子藻ノ實也桃ノ大ニシテ大腹皮ノ如ナル皮アリ藥種ナリ　水昌

金剛石　猫睛石

バンダ　日本ヨリ海上三千九百里

島國也守《シュ》護《ユ》無之近《キン》代《ダイ》ハヲランダノ手下ニ成《ナツ》テヲランダヨリ仕《シ》配《ハイ》ス大《タイ》熱《ネツ》國《コク》ニテ人《ジン》物《ブツ》レヤム人ニ似《ニ》タリ咬《カ》𠺕《ラ》吧《バ》ニ近《チカ》キ所也

土產

沈香　丁子　胡椒　白檀　肉荳蔲

ビリヽ　此國ニ生スル魚ノ血ヲ堅メタルモノ
ト云吐霍亂齒痛其外ニ用　タバコ　上好

インコ鳥　色〻綠色赤色白色黒色
大小アリ言語人ノ如シ

コストカルモンデイル

日本ヨリ海上三千里

莫卧爾《モーウル》國《コク》ノ手下《テシタ》ニテ代官《ダイクワン》ヲ置《ヲキ》テ仕配《シハイ》ス四季《キ》暖《ダン》國《コク》

也人物モウル人ニ同シ

土産

木綿 色々　奥嶋　金巾 大 小　算崩嶋《サンクヅレ》　金サラサ

コンデレキ　ギガン嶋　白熘硝　鮫　ギヤーシノ玉 上ニ注ス

此外嶋《シマ》ノ織物《ヲリモノ》色々

ベンガラ

榜葛剌《ベンガラ》　日本ヨリ海上三千三百里

モウル國ノ手下ニテ守護《シユゴ》ヲ置テ仕配《シハイ》サス南天竺《ナンテンヂク》ノ

内ニテ暖國《タンコク》ナリ人物モウル人《ジン》ニ似《ニ》リ上國也

土産

黄糸ヘンカラ糸ト云ナリ　奥嶋　アレシヤ嶋　チヤ宇嶋

ギガン嶋　金巾《カナキン》　金入織物色々　サンクヅシ糸木綿

縫ノ蒲團　糸織物色々　木綿嶋色々　沙糖白黒氷　丹土《ツチ》

硼砂　阿仙藥　焇硝　牛黄　麝香　阿《ア》片《ヒン》

天蠶糸《テグス》漁師釣ニ付ル筋也虫ニテ造ルト云　ボウトル牛ノ乳汁ヲ集テ煉タル者ナリ大ナル補藥ニテ血氣ヲ益ニ用ユ

サラアタ

日本ヨリ海上四千五百里

モウル國ノ手下ニテ守護《シユゴ》ヲ置テ仕置《シヲキ》ス南天竺ノ内ト云四季《キ》暖《ダン》國《コク》ニテ上國也人物モウルニ似《ニ》リ此國ノ人正直《シヤウヂキ》ニテ國法《コクハフ》ヲ守《マモ》ル事正《タヾシ》ク路《ミチ》ニ落タル物ヲ不《ス》拾《ヒロワ》ト云此國ノ弁ベンガラ國共《トモ》ニ富《トミ》豐《ユタカ》ナル國トソ

土産

サラタ嶋　サラタ金入《イリ》　奥《オク》嶋　金巾《カナキン》大小　一タフウ嶋

ギガン　サンクヅン糸モメン　セイラス　コンデレキ糸モメン　大木綿

カアサ木綿　花サラサ　霜フリサラサ　ヌメサラサ　花モセン

縫ノ蒲團　鮫　阿仙藥　木香　乳香

木没藥　胡黄連　蘓香油　海椰子　眞珠

グンゼウ　コンゼウ　丹《ニ》土《ツチ》　雌黄　ビリヽ

安息香　瑪瑙

モハア

日本ヨリ海上六千里

モウル國ノ手下ニテ代《タイ》官《クワン》ヲ置テ仕《シ》置《ヲキ》ス暖《ダン》國《コク》也人

物モウル人ニ似《ニタ》リ

土產

キリンケツ　木綿島色々　糸織物色々

一マカザアル　日本ヨリ海上三千三百里

嶋《シマ》國《クニ》也守《シユ》護《ゴ》有テ仕《シ》置《ヲキ》ス大《タイ》熱《子ツ》國《コク》ニテ人物甚《ハナハダ》賤《イヤ》シ

ク不斷《タン》裸《ハダカ》也

土產

金　米　白檀　タバコ

〔ミルバアル〕　日本ヨリ海上三千七百五十里

國王在テ仕置ス四季《キ》少暖《ダン》國也人物モウルニ似《ニ》タリ

トゾ南天竺ノ内歟《カ》未審《イマダツマビラカナラズ》

土産

武道具ノ色　楯《タテ》ノ板　スランガステン　蛇ノ頭ニ生スル石也水ニ浸シヲケバイツ迄モ淡出ルナリ

血止《トメ》石《イシ》　イルカナノウル　血ノ止ルニ手ニニキル　血ヲルサラン　如前　硇砂　米　麝香猫

テイモウル 𪜈云テモウル 日本ヨリ海上三千八百五十里

嶋國也守護《シユゴ》無之所ニ頭《カシラ》分《ブン》ノ者アリテ面々《メン〳〵》ニ仕置ス熱國ニテ人物シヤム人ニ似《ニ》タリ

土產

丁子　胡椒　白檀　沈香　肉ヅク

タハコ　インコ鳥

セイロン 𪜈云セイラン 日本ヨリ海上三千八百七十里

嶋也守護在テ仕置《シヲキ》ス熱國也人物シヤムニ似テ賤《イヤシ》キ國ナリ南天竺ノ海中ニ在リ

土産

肉荳蔲　びりく　ルザラシ　鳥獣色ゝ

タルナアタ　日本ヨリ海上三千八百九十里

島ナリ守護《シユゴ》在テ仕置ス熱國《ネツコク》也人物シヤムニ同シ

土産

白檀　丁子　沈香　肉荳蔲　ビリヽ

アンボン　アンボイナト云

日本ヨリ海上三千九百里

嶋也タルナアタノ屬國《ゾクコク》ニテタルナアタノ守護《シユゴ》ノ方ヨリ仕置ス熱國ナリ人物ジヤムニ同シ

土産

丁子　白檀　沈香　ビリヽ　胡椒　肉ヅク

ゴソウヤ　此國ヨリ出ル藥種ナリ食傷嘔氣其外ニ用

カズワル　火ヲ喰フ大鳥ナリ羽毛美ナリ

風鳥　無食ノ鳥ナリ

イレコ嶋

ボル子ラ　浡泥國　フルチルトモ云

自《リ》日本海上三千九百里

嶋國也ジヤガタラ國ニ近《チカ》シ守護《シュゴ》モ無《ナ》之所ニ頭分《カシラブン》ノ者在テ面々《メン／＼》ニ支配《シハイ》ス大熱國八季《キ》ノ國也人物シヤム人ニ似《ニ》テ甚賤シ大《キ》サ凡日本程《ホト》ノ國ナル由

土産

龍腦　白檀　鼈甲　檳榔子　椰子　同油　藤

ヘイタラバサル　此國ヨリ出ルヲ根本トス其説前ニ記ス功能多シ　テヤシノ玉　其説前ニ記ス　佳文席《アンダゴザ》

ミタカスクル　ミタカスガル　氏云　日本ヨリ海上五千百里

嶋《シマ》ナリ凡《ソ》日本程ノ國ナル由《ヨシ》國主《ヌシ》モ無《ナ》ク仕《シ》置《ヲキ》ト云事モ無之《シ》風俗《フウゾク》人倫《ジンリン》ノ作法《サハフ》ニ非《アラ》ス常熱《ツネニアツシ》八季《キ》ノ國ナリ人物最《ヒトヽモ》賤《イヤシ》ク商賣《シヤウバイ》交易《カウエキ》ノ事ヲモ不知《シラ》阿蘭陀《ヲランダ》ノ往来ノ時分《シブン》ニ船ヲ寄《ヨセ》テ土産《トサン》ノ品ヽ《シナぐ》ヲ取《トル》事ナリ此ノ嶋南北《ナンホク》ニ長ク南《ミナミ》ノ邊端《ヘンノハシ》ハ五六ケ月ノ比ハ少冷ナリ都《スベ》テ

此ノ國ハ常《ツネ》ニ雨天《ウテン》ノミニテ晴天《セイテン》ノ日稀《マレ》也ト云又此ノ國ノ菓《コノミ》ノ類《ルイ》皆核《サネ》無之《ナシ》トゾ

土産

黒檀　異木《ウラキ》ノ類 色々　鳥獸 色々　象牙 常ノヨリハ甚大ナリ　琥珀

ハルレヤ　百爾齊亞《ハルシヤ》 婆羅遮國　日本ヨリ海上五千百里

南天竺《ナンテンチク》ノ西邊《サイヘン》也卽西天竺《サイテンチク》ノ内也ト云此ノ國天竺ニ開闢《カイヒヤク》ノ最初《サイシヨ》ノ地ナルヨシ黄金《ワウゴン》ノ大塔《タフ》アリ十五里ノ

外ヨリ見《ミ》ユルト云國王アリテ仕《シ》置《オキ》ス國民《コクミン》富《フ》饒《ニヨウ》ナル由四季《キ》日本唐土《タウド》ニ同シ但《タヽシ》暖《ダン》氣《キ》ナル國ナリ人物モウルニ同シ　此《ノ》國ノ南海ニ一島《イツタウ》アリ其《ノ》土地《トチ》悉《コト〳〵》ク鹽《シホ》ト硫黄《イワウ》トニテ草木《サウモク》生スル事ナク鳥獸《テウシウ》モ不《レ》栖《ム》其《ノ》氣候《キコウ》常ニ暑熱《シヨイツ》有テ地震《チシン》甚《ダ》多キ地也然レ𪜈能《ヨキ》湊《ミナト》アル故ニ諸國往來《ワウライ》ノ商船《シヤウセン》此《ノ》湊《ミナト》ニ集《アツマリ》テ財寶《サイホウ》富饒《ニヨウ》ナル處ノ由

土產

ハルレヤ糸　ハルレヤ華《カハ》　ヘイタラバサル　乳香　甘艸

蘓香油　巴旦杏《アメンドス》　葡萄酒　乾葡萄　花ノ水

酒色ノ　金入織物　糸織物色ノ　花毛セン

馬諸國ニ勝ル　羊

カアホテホウスイースフランス　日本ヨリ海上六千三百里

守護《シユゴ》モ無《ナ》ク仕置《シオキ》モ無《ナシ》之風俗《フウゾク》人倫《ジンリン》ノ作法《サハウ》ニ非《アラ》ス商《シヤウ》

賣《バイ》ノ道《ミチ》モ不知《シラ》ヲランダ人往来《ワウライ》ノ時分《ジブン》船《フネ》ヲ寄《ヨセ》テ品《シナ》〻ヲ取《トル》也四季《キ》アル國也ト云𪜈人物甚賤《イヤ》シ

土產

大鳥　犀　虎　野牛　鹿　牛　猪《ブタ》也

此外鳥獸《テウジウ》色〻《イロイロ》多《オホ》シ

「ブラセル」《ブルセル》𪜈云　日本ヨリ海上七千五百里

守護仕置《シオキ》等《トウ》ノ事未審《ツマビラカナラ》人倫《リン》ノ風俗《フウゾク》ニ非《アラ》ス四季《キ》ア

リテ少《スコシ》暖《アタヽカ》ナル國也此國ノ人ハ其色《イロ》黄《キ》也ト云

土産

砂糖 白 黒 氷　生薑　タバコ　黒檀　材木 色々　繪具 色々

鳥類 色々

ゲ子イヤ ゲ子エヤ ト云　日本ヨリ海上八千四百里

守《シユ》護《コ》弁《ナラビニ》仕《シ》置《オキ》ノ事不知風《フウ》俗《ゾク》人倫《リン》ノ作《サ》法《ハフ》ニ非《アラ》ス熱《ネツ》

國ハ季《ナ》ノ國ニテ人物甚賤ク黒《クロ》坊《ボウ》也

土產

砂糖 白黒 氷　象牙　金《キン》子《ス》　インコ鳥 色々

トルケイン　日本ヨリ海上一萬一千二百五十里

守《シユ》護《ゴ》在《アツ》テ仕《シ》置《オキ》ス四季《キ》寒《カン》國《コク》也人物ヲランダ人ニ似《ニ》タリ

土產

糸織物 色々　毛織類 色々　木綿織物 色々　金入《リ》織物　糸類　モメン類

「フランカレキ」日本ヨリ海上一萬二千八百十里
國《コク》主《シユ》在《アツ》テ仕《シ》置《オキ》ス人物ヲランダニ似《ニタ》リ四季《キ》ハアリ
テモ寒《サム》キ國也

土産

酒 色々
糸織物 色々 木綿織物 色々 小道具

「ズヘイテ」日本ヨリ海上一萬三千三百八十里
守《シユ》護《コ》在《アツ》テ仕《シ》置《オキ》ス四季《キ》寒《カン》國也風俗《フウゾク》人物ヲランダ人

ニ似《ニト》タリ

土產

船ノ綱　麻苧　船ノ碇《イカリ》　材木色〻　石火矢

チヤン　松脂ト油ト子リ合セタル者也船ノ諸具ヲ塗テ水ニ不朽タメ也又外科ノ膏藥ニ入ル

銅　鐵

此外舟ノ道具《ドウグ》多《オホ》シ

「ディスマルカ」　日本ヨリ海上一萬三千三百里

守護《シユ》在《アツ》テ仕《シ》置《オキ》ス四季《キ》アリ寒《カン》國也人物ヲランタ

人ニ同シ此ノ國ヲランダ國ニ近《トヲ》シ

土產

船ノ綱　碇　材木　麻苧　石火矢

銅　鐵　同前

ノウルウイキ　日本ヨリ海上一萬三千三百里

デイスマルカ國ノ手《テ》下《シタ》ニテ其ノ國《コク》主《シユ》ノ方《カタ》ヨリ代《タイ》官《クハン》ヲ遣《ツカハ》シ置《オキ》テ支《シ》配《ハイ》サス四季《キ》大《タイ》寒《カン》國《コク》ナリ人物ヲランダニ同シ

土産

帆柱《ラ》　材木　鐵　鋼《ハガ子》　釼

ドイチラント　トイチ國ト云　日本ヨリ海上一萬三千百四十里

國主《コクシユ》在《アツ》テ仕置《シオキ》ス四季《キ》アリ寒國《カン》也人物ヲランダニ同《シ》

土産

毛織類　木綿織物　色々　金　銀　五穀　水昌玉

水銀　欝金　酒　色々　藥種　畜類ノ皮

「ホウル」日本ヨリ海上一萬三千六百五十里

守《シユ》護《ゴ》在《アツ》テ仕《シ》置《オキ》ス四季《キ》大寒《カン》國也人物ヲランダニ同シ

土産

琥珀　五穀　畜類ノ皮

「ムスカウベヤ」日本ヨリ海上一萬四千百里

大《ダイ》國《コク》也守護在テ仕置スヲランダ國ノ東《ヒガシ》ニテ大寒國

也此國夜《ヨル》長《ナガ》ク晝《ヒル》短《ミジカ》キ事《コト》多《オホ》キ國也風《フウ》俗《ゾク》ヲランダ人ニ

似《ニ》テ勇《ユウ》強《キヤウ》ニ諸《シヨ》人競《キソ》テ猛犬《マウケン》ヲ畜《カ》フトソ國法《コクハウ》ニテ國王唯一人學《ガク》文《モン》ヲ勉《ツトメ》テ大臣《シン》以下學文スル事ヲ禁《キン》ズト云此國ニ三十人ニテ撞《ツキ》鳴《ナラ》ス大鐘《オホカネ》アリ國王ノ誕《タン》生日《ジヤウニチ》ニ一年ニ一度《ド》撞鳴スト云又長《ナガサ》四丈《ヂヤウ》ノ石火矢《イシビヤ》アリ一度《ド》ニ焔《エン》硝《セウ》ニ石ヲ入ルトソ

土產

琥珀　珊瑚樹　香鋪《カウレキ》ノ銀　五穀　畜類ノ皮

巾著革《キンチヤクカハ》 皮《ハスカウベヤ》ト云

クルウンラント

日本ヨリ海上一萬五千三百里

人不《ザル》住《スマ》ノ嶋《シマ》也ヲランダ國ノ北《キタ》ニテ近《チカ》シヲランダ人此ノ嶋《シマ》ニ往《ユキ》テ鯨《クジラ》ヲ取《トリ》テ油《アブラ》ヲ煎《セン》ズト云此島大寒《ダイカン》國ニテ海中冬《フユ》ハ氷《コホ》リテ往來《ワウライ》無《ナ》シ春夏《シユンカ》ノ間《アイダ》氷解《コホリトケ》テ往來《ワウライ》スト云此地ノ夏《ナツ》ト云ヘ日本ノ正二月ノ氣候《キコウ》ヨリ溫《ヲン》暖《ダン》《アタヽカ》ナル時無《ナ》シト云此國ヨリ北ノ地北極《ホツキヨク》ノ下《モト》ニ至《イタリ》テ

嶋國多《ヲホ》シト云ドモ寒《カン》氣《キ》殺《サツ》伐《バツ》強《ツヨ》キ故《ユヘ》ニ鳥《テウ》獸《ジウ》草《サウ》木《モク》モ生《シヤウ》シ難《カタ》シ半年ノ間晝《ヒル》ノミ續《ツヽ》キ半年ノ間ハ夜《ヨル》ノミ續キテ鬼《キ》魅《ミ》多《ヲホ》シ夜《ヤ》國《コク》ト号ス

土產

鯨 網ニテ捕ト云　同油　此外大魚多シ

已上三十五個國阿《ヲ》蘭《ラン》陀《ダ》人商《シヤウ》賣《バイ》往《ワウ》來《ライ》ノ國也

何《イヅレ》モ商《シヤウ》賣《バイ》ノ事《コト》商《アキ》人《ヒト》面〻ノ相《アヒ》對《タイ》ニテ國《コク》主《シユ》ヨリハ

搆《カマ》ヒ無《ナシ》之運《ウン》上《ジヤウ》其外船改《アラタム》ル事モ無《ナ》シ但東《トン》京《キン》國《コク》ハ著《チヤク》船《セン》ノ節《セツ》船《フネ》改《アラタメ》ム又交《カウ》趾《チ》國ハ唐《タウ》船《セン》等《ラ》著岸《ガン》漂《ヘウ》流《リウ》アルトキハ舟《フネ》ヲ改メ或非《ヒ》義《キ》ヲ言《イヒ》懸《カケ》テ荷《ニ》物《モツ》ヲ奪《ウバ》ヘル事アリトソ

附錄

阿《ヲ》蘭《ラン》陀《ダ》往《ワウ》來《ライ》スル事ヲ不《シ》知《ラ》ト云ドモ日本ニ於《オ》テ每年每ニ其名《ナ》ヲ遍《アマネ》ク知《シ》ル處ノ國ヲ書《カキ》記《シル》ス

「サントメ」聖多默　日本ヨリ海上三千八百餘里

西《サイ》天《テン》竺《ヂク》ノ内ニテ暖國也人物モウル人ニ同シ此國ヨリ日本ニ船《フネ》来《キタ》リシ事無《ナ》之唐人《タウジン》往来《ワウライ》スル事モナシモウル船《フネ》ヨリ地ノ人ハ来《キタ》リシ事アリトゾ

土產

鮫　此國ヨリ出ルモノ上好也モシヤムカホウチヤ船ヨリ持来ル也　木綿嶋類色々

「インデヤ」印度亞　印第亞　日本ヨリ海上四千餘里

南《ナン》天《テン》竺《チク》ニテ四季《キ》アル暖《ダン》國也海《カイ》邊ニ及《オヨ》タル大國也
インデヤト云ハ印《イン》度《ド》國《コク》ト云事ニテ印《イン》度《ド》ハ則《スナハ》天竺ノ
名《ナ》也トゾモウル國ト此《コノ》國トハ南天竺ニテ第《ダイ》一ノ
國ナリ此《コノ》國ノ人ノ色《イロ》ハ皆《ミナ》紫《ムラサキ》色《イロ》ナリト云人物風俗
モウル人ニ同シ唐人ヲランダ人ハ此《コノ》國ニ往《ワウ》來《ライ》スル事
無之土《ド》産《サン》他《タ》國へ交《カウ》易《エキ》スルヲ調へ來《キタ》ルトゾ

上產

獨《ウン》角《カウ》獸《ル》 此國交山ノ河水ニ毒虫多シ諸ノ獸敢テ先ニ飲事ナシウンカウル来テ其角ヲ以テ河水ヲ攪セテ飲テ後諸獸皆飲之トソ

象牙　獸角ノ類　華《カヽ》ノ類 巾著皮ノ類色ニ皆馬ノ如ナル獸ノ皮ナリト云

椰《ヤ》子《レウ》 此國ノ椰子樹甚大ニシテ其用多シ木ハ柱トシテ百年ニモ不朽葉ハ屋ヲ覆ヒ其實ハ食トシテ功能多シ油ニモ煎シ木皮ハ船ノ綱ニ造リ實ノ皮モ縄トシテ甚強ク不朽實ノ穀ハ釘ニ造リテ甚ツヨシ重寶至極ナル樹ナリ

奇怪ノ鳥獸 ウンカウル如キノ者多シト云

［ラウ］羅宇　日本ヨリ海上二千六百里

南天竺ノ内暹羅ノ西隣也暖國ニテ小國也唐人

ヲランタ往来《ワウライ》ヲ不知シヤム人往来ス

土産

木綿嶋ノ類　班竹　大小色々小キハキセル竿ニ用ユ則ラ字竹是ナリ

〔チヤ字〕　日本ヨリ海上三千八百里

南天竺ノ内暖《ダン》國也暹《シヤ》羅《ム》ニ近《チカ》シモウル國ノ内ト云

土産

チヤウ嶋　木綿織物　色々

コワ　哥亞《コア》ゴア𪜈云　日本ヨリ海上三千九百里或四千里

南天竺ノ内ニテ熱國《ネツコク》也常ニ雨降《アメフル》コト無ク晴天《セイテン》ニテ五六月ノ間ニ一度《ド》雨降《アメフル》ト云此國ト・チヤ宇ラ宇ノ三國ハモウル國ノ屬下《ゾクカ》ニテモウル國ヨリ支配《シハイ》ス三國何レモ人物モウル人ニ同シ

土產

毛セン　木綿織物　色〻

ハタン 巴且・ 日本ヨリ海上一千四百里

島《シマ》ナリ大寃《ハイソン》ノ南方ニ當《アタ》ル暖《スン》國也延《エン》寶《ホウ》八年此《コノ》嶋《シマ》ノ船《フネ》一艘《ソウ》人數《ジュ》十七人日《ヒウ》向《ガノ》國ニ漂《ヘウ》著《チヤク》ス長《ナガ》崎《サキ》ニ送《オク》ラレテ數月長崎ニ逗《トウ》留《リウ》ス其《ソノ》人物甚賤シ詞《コトバ》曾《カツ》テ不通《ツウゼ》阿《ヲ》蘭《ラン》陀《ダ》人《ジン》ニ逢《アフ》テ悦《ヨロコ》ビヲランダ其《ソノ》國巴《ハ》且《タン》ナル事ヲ知《シル》ト云圧其餘ノ事ハ委《クハシ》ク不通犬《イヌ》ヲ煮《ニ》テ食《シヨク》スル事ヲ好《コノ》メリ十七人ノ內十三人ハ段《ダン》〻長崎ニ於テ病《ビヤウ》

死《シ》ス殘テ四人ヲランダ舟《フネ》ニ命《メイ》ゼラレテ歸《キ》國《コク》ス

土産

巴且杏《アメンドス》　此外不詳

【ミロク】馬路古　日本ヨリ海上一千五百里

嶋也ハタンニ同キ下國ニテ大熱《ネツ》八季《キ》ノ國也巴《ハ》且《タン》ヨリハ大ナル嶋《シマ》國《クニ》ト云但五穀《コク》無キ之國ノ由

土産

丁子　胡椒　已上二邑甚多シ　羊　他國ノ羊ニ異ナリ

沙《サン》谷《ゴ》米《ベイ》　五穀ナキ國ナル故常ニサンゴベイヲ食ス

【カフリ】　日本ヨリ海上八千餘里

大國ニテ南《ナン》天《テン》竺《チク》ノ西《ニシ》南《ミナミ》ニ在リ國王トテハ無レ之所《シヨ》所面《メン》ニ支《シ》配《ハイ》ノ頭《カシラ》分《ブン》アリ大熱《ネツ》國ニテ人物甚賤ク色《イロ》黒《クロ》キ事漆《ウルシ》ノ如《コト》シ人ヲ焙《アブ》リ食《クラフ》テ人倫ノ作《サ》法《ハフ》ニ非《アラ》ス阿《ヲ》蘭《ラン》陀《ダ》其外ノ國ヨリ此國ノ人《ジ》間《ゲン》ヲ捕《トラ》ヘ或ハ買《カイ》

取《トツ》テ永代《エイタイ》ノ下《ケ》リ人《シ》ニ遣《ツカ》フニ馴《ナレ》テ後《ノチ》主人《シユジン》ノ爲《タメ》ニ死《シ》スル事ヲ不《ス》顧《カヘリミ》シテ能《ヨク》仕《ワカ》フヲランダ人長崎ニツレ来レリ其人長《タケ》高《タカ》ク逞《タクマシ》ク力強《チカラツヨ》シ頭髮《ツハツ》ハ黒《クロ》ク齒甚《ハ》白《シロ》シ色《イロ》黒《クロ》キ故ニ黒坊《クロバウ》ト云死《シ》ヲ懼《オソ》ル丶事ヲ不知

土產《トサン》等《トウ》ノ事未《タ》審《セフ》

右外國外夷合《アハセ》テ五十五個《カ》國於長崎聞《キヽ》傳《ツタフ》ル處ヲ記《キ》スル者也

外ニ日本渡《ト》海《カイ》御《ゴ》禁《キン》止《シ》ノ國如左

イスパニヤ　并ホルトガル　カステラ

是《コレ》則《スナハチ》南《ナン》蠻《バン》切《キリ》支《シ》丹《タン》國《コク》也海上自《ヨリ》日本一萬二千餘《ヨ》里《リ》ナル由此《コレ》國《ノ》世界《カイ》ノ繪圖《エヅ》ヲ以《モツテ》見ルトキハ唐土《タウト》日本ヨリハ西方《サイハウ》ニ當《アタ》レル國也然《シカ》ルニ南蠻《ナンバン》ト号《ガウ》スルハ此國ノ手下《テシタ》亞媽港《アマカハ》呂宋《ルスン》等《トウ》唐土《タウト》日本ノ南方《ナンハウ》ニ當《アタ》レル故《ユヘ》ニ南蠻《ナンバン》ト号《ガウ》スル者《モノ》也一說《セツ》ニハ南海《ナンカイ》ヨリ往来《ワウライ》ス

ル故ニ南蠻《ナンバン》ト号《ガウ》スト云此説《ノセツ》ハ非《ヒ》ナラン唐《タウ》日本ニ来レル外夷《グワイヰ》ノ船《フネ》南海《カイ》ヨリ往来《ワウライ》セズト云事《コト》無《ナ》シ皆《ミナ》南《ナン》蠻《バン》ト可《ベキ》レ言《ノフ》理《コトハリ》ナシ　此《ノ》國ノ類國《ルイコク》ニ　イスハニヨウ・ノウハ・イスハニヤ等《トウ》有《ル》レ之由《ヨシ》聞《キヽ》傳《ツタ》フ人物何レモ阿蘭陀《ヲランダ》ニ似《ニ》タリトゾ

亞媽港《アドカウ》《アマカハ》　唐韻アニカン日本ニテアニカウ俗因テ天川ノ字ヲ用テアマカワト云リ

廣東國《カンドンコク》ノ南《ミナミ》ニ當《アタ》レル所ナル由南蠻人《ナンバンジン》住居《ぢうきよ》スト云海

上日本ヨリ九百餘里ナル由《ヨシ》云傳《ツタ》フ

呂宋《ロソン》《ルスン》 弁一シエイラ バヾヤン カベツタ バカシナン等
呂宋近キ島ニテ類國ト云

臺《タイ》灣《ワン》國《コク》ノ南ニ當《アタ》ル嶋《シマ》國也則《チ》南《ナン》蠻《バン》人《ジン》居《キヨ》住《ヂウ》ノ由《ヨシ》海上日本ヨリ八百餘里ト云此《ノ》國本ハ守《シユ》護《ゴ》無《ナ》キ島《シマ》ナリシヲ南《ナン》蠻《バン》人《ジン》イツトナク從《シタガ》ヘ領《レウ》知《チ》セリトゾ暖《ダン》國《コク》ニテ人物甚賤ク類《ルイ》屬《ゾク》ノ小《コ》嶋《シマ》多《オホ》シト云

エゲレス 諳厄利亞 インキリヤトモ云
イキリストモ云

阿蘭陀《ヲランダ》國《コク》ノ西《ニシ》ニ在《アル》嶋《シマ》國《クニ》也日本ヨリ海上一萬千七百里ト云人《ジン》物《ブツ》ヲランダニ似《ニ》タル由《ヨシ》昔《ムカシ》ハ平戸《ヒラド》ヘ年年入津《ニツシン》セシカ𪜈商賣《シヤウバイ》利《リ》無《ナ》キ由《ヨシ》ニテ手《テ》前《マヘ》ヨリ退《シリゾク》テ不來《キタラ》寛文《クワンブン》ノ比《コロ》此《コノ》船《フネ》一艘《ソウ》長《ナガ》崎《サキ》ニ來《キタリ》テ如以《イ》前《ゼン》日本渡《ト》海《カイ》商《シヤウ》賣《バイ》ヲ願《ネガフ》ト云𪜈無免《メン》許《キヨ》歸《キ》帆《ハン》ス其船ヲランダ舟ニ少《スコシ》モ替《カハ》リナシ檣《ホバシラ》ノ上ノ簱《ハタ》ヲランダト別《ベツ》也

右ノ四箇《カ》國昔《ムカシ》ハ日本ニ往《ワウ》來《ライ》スト云𪜈今《キン》代《ダイ》停《テウ》止《ジ》

ニテ不来イギリスハ南蠻國等《トウ》トハ又別種《ヘツシユ》ナル由
聞傳《キヽツタ》フ南蠻《ナンバン》船《フネ》停止《テウジ》ハ寛永《クワンエイ》十五年也

異船《イセン》入津《ニツシン》變災《ヘンサイ》考《カウ》

慶長《ケイチヤウ》二年丁酉高久《タカク》ノ領主《レウシユ》有馬《アリマ》氏《ウジ》長崎《ナカサキ》津外《ツクワイ》イ
ワウ島《シマ》ニ於《オヒ》テ南蠻《ナンバン》黒船《クロフネ》一艘《ソウ》燒却《シヤウキヤク》セラル荷物《ニモツ》人
數《シユ》𪜈ニ滅《ホロボ》ス是《コレ》ハ日本渡海《トカイ》ノ南蠻《ナンバン》舟《フネ》有馬《アリマ》氏《ウジ》ヨリノ
異國《イコク》渡海《トカイ》ノ舟ヲ海賊《カイゾク》セシ故《ユヘ》也ト云停止《テウジ》ナキ以前《イゼン》

ノ事《コト》也此《コノ》時長崎奉《ブ》行《キヤウ》長谷川《ハセカハ》氏《ウジ》
寛永《クワンエイ》十七年庚辰五月十七日呂宋《ルスン》國《コク》ヨリ黒《クロ》舟《フネ》一
艘《ソウ》長崎ニ入津《ニツシン》ス同六月中旬《ジユン》江戸ヨリ上使《シ》有テ
南蠻人《ナンバンジン》七十四人ノ内六十一人誅罸《チウバツ》有テ船《フネ》ハ津《ツ》
口《クチ》スベレ浦《ウラ》ニテ燒却《シヤウキヤク》セラル殘《ノコ》ル十三人ハ日本ニ來《キタ》ル
事《コト》本《ホン》意《イ》ニ非《アラ》サル事《コト》明《メイ》白《ハク》ナルニ依《ヨツ》テ赦免《シヤメン》有テ唐船《タウセン》
ノ古《フル》舟《フネ》乗《ノリ》捨《ステ》一艘《ソウ》賜《タマハリ》テ歸《キ》國《コク》ス本國ニ於テ此旨《ムネ》語《カタ》リ

聞《キカ》セ再《フタヽビ》日本ニ来ル事勿《ナカ》レト也上使《シ》加《カ》賀《ガ》爪氏《ウジ》長崎ノ
奉《ブ》行《ギヤウ》大河《カフ》内《チ》氏《ウジ》
正保《シヤウホウ》四年丁亥六月廿四日南蛮《ナンバン》ノ本國ヨリ黒《クロ》舟《フネ》
二艘《ソウ》イワウ島《シマ》ニ到《タウ》着《チヤク》ス同廿六日長崎ノ津ニ入《イ》ル
諸國ノ人數集《アツマリ》テ海《カイ》邊《ヘン》所々ニ陣《ヂン》ヲ張《ハリ》テ警《ケイ》固《ゴ》アリ
然《シカ》レ𪜈江府《ユウフ》ヨリ御《ゴ》免《メン》ノ義《ギ》ニ因《ヨツ》テ八月六日歸《キ》帆《ハン》ス
此時長崎奉行ハ馬《バ》場《バ》氏《ウジ》也湊《ミナト》ノ當《タウ》番《バン》ハ筑《チク》前《ゼン》ノ國《コク》

守ナリ
寛《クワン》文《ブン》五年乙巳五月廿一日阿《ヲ》蘭《ラン》陀《ダ》舟《フ子》一艘《ソウ》入津《ニウシン》ス
同二十四日船中ヨリ出《シユツ》火《クワ》ニテ焼《セウ》失《シツ》ス一玉ツメタル石《イシ》
火《ビ》矢《ヤ》二挺《テウ》有テ放《ハナ》レテ岸《キシ》ヲ破《ヤブ》ルヲランダ人一人焼《ヤケ》死《シ》
ス荷《ニ》物《モツ》ベンガラ糸七萬斤《キン》銀《キン》高《ダカ》三千貫《クワン》目《メ》ノ貨《クワ》物《モツ》
一時ニ灰《クワイ》塵《ヂン》ト成《ナル》長崎奉行嶋《シマ》田《タ》氏《ウヂ》
寛文十三年癸丑五月二十四日エゲレス船《セン》一艘《ソウ》

入津《ニツシン》ス以前《イゼン》平戸《ヘラド》入津《ニツシン》ノ後《ノチ》渡海《トカイ》中絶《チウゼツ》スト云〻モ同日
本商賣《シヤウバイ》往来《ワウライ》ヲ願《ネガフ》ト云𪜈免許《メンキヨ》ナク七月下旬《シユン》帰《キ》帆《ハン》ス
長崎ノ奉行岡野《オカノ》氏《ウヂ》
貞享《デウキヤウ》二年乙丑六月二十日亜媽《マ》港《カウ》舟《フネ》一艘《ソウ》入津《ニウシン》ス
是《コレ》ハ伊勢《イセノ》國《クニ》渡會《ワタラヒ》ノ者《モノ》十二人乗《ノリ》タル船《フネ》商賣《シヤウバイ》ニ江《エ》
戸《ト》ヘ往《ユキ》テ大風《タイフウ》ニ放《ハナ》タレアニカハニ漂《タヾヨヒ》寄《ヨル》ス此ノ十二人
ヲ日本ニ送《オク》リ届《トヾ》ケンカ爲《タメ》ナリ是《コレ》ニ依《ヨツ》テ歟《カ》赦《シヤ》免有テ

七月八日出帆《シユツハン》ス逆風《ギヤクフウ》ニ依テ津口《ツクチ》ニ滯留《タイリウ》シテ實《ジツ》ニ
七月廿九日歸帆《キハン》ス南蠻人《ナンバンジン》上下四十七人トゾ日
本人十二人ハ伊勢國《イセノクニ》ヘ帰《カヘ》サル長崎奉行河口氏《カハクチウジ》
貞享四年丁卯八月紀州《キシウ》熊野浦《クマノウラ》ニ呂宋《ルスン》ノ内カベツ
タト云所ノ舟《フネ》一艘《ソウ》漂著《ヘウチヤク》ス則《チ》長崎ヘ送届《オクリトドケ》ラレテ十
月六日長崎ノ津《ツ》ニ到《イタ》レリ本國ヲ出《イデ》シ時人數《ニンジユ》十一
人也其内八人ハ海上ニ於《オヒ》テ飢《ウヘ》死《シ》ス殘《ノコリ》テ三人紀《キ》

州ノ海辺《チカ》リニ三人ノ内二人ハ紀州ヨリ長崎ノ門ニテ死ス残《ノコツ》テ只《タヽ》一人長崎ヘ到《イタ》ル是モヲランダ人ニ逢《アフ》テ其ノ子細《サイ》ヲ通ズルニ依《ヨツ》テ始《シ》終《ジウ》ノ儀《キ》相《アヒ》知《シ》タリ後《ノチ》其ノ一人モ又死ス船《フネ》ノ長十間許《バカリ》象《ザウ》ノ鼻《ハナ》造《ツク》リノ舟ナリ呂《ル》宋《スン》ノ近國ニ米《ヘイ》穀《コク》賣《バイ》買《バイ》ニ行テ大風ニ放《ハウ》流《リウ》セシ舟也ト云

已上ノ外唐土ノ内ヨリ日本ノ船漂流シテ唐船ニ送ラレ長崎ニ來テ歸國セシ者多シ悉クハ記スルニ不及

外國出シノ船

二帆ノ諸具旌旗何レモ唐船ニ同シ船ノ造リ底深シ舵ハ大ナル鐵ノ肘《ヒヂ》ヲ敷所ニ打テ其肘《ヒヂ》ヲ受ル所ニ又大ナルツボヲ打テ舵ヲハムルナリ此ハ福州漳州ノ船ニ多クハ彩リ無シ背シ長崎ヨリ天竺ニ渡海セシ船モ皆此船ノ造リニ同シ。

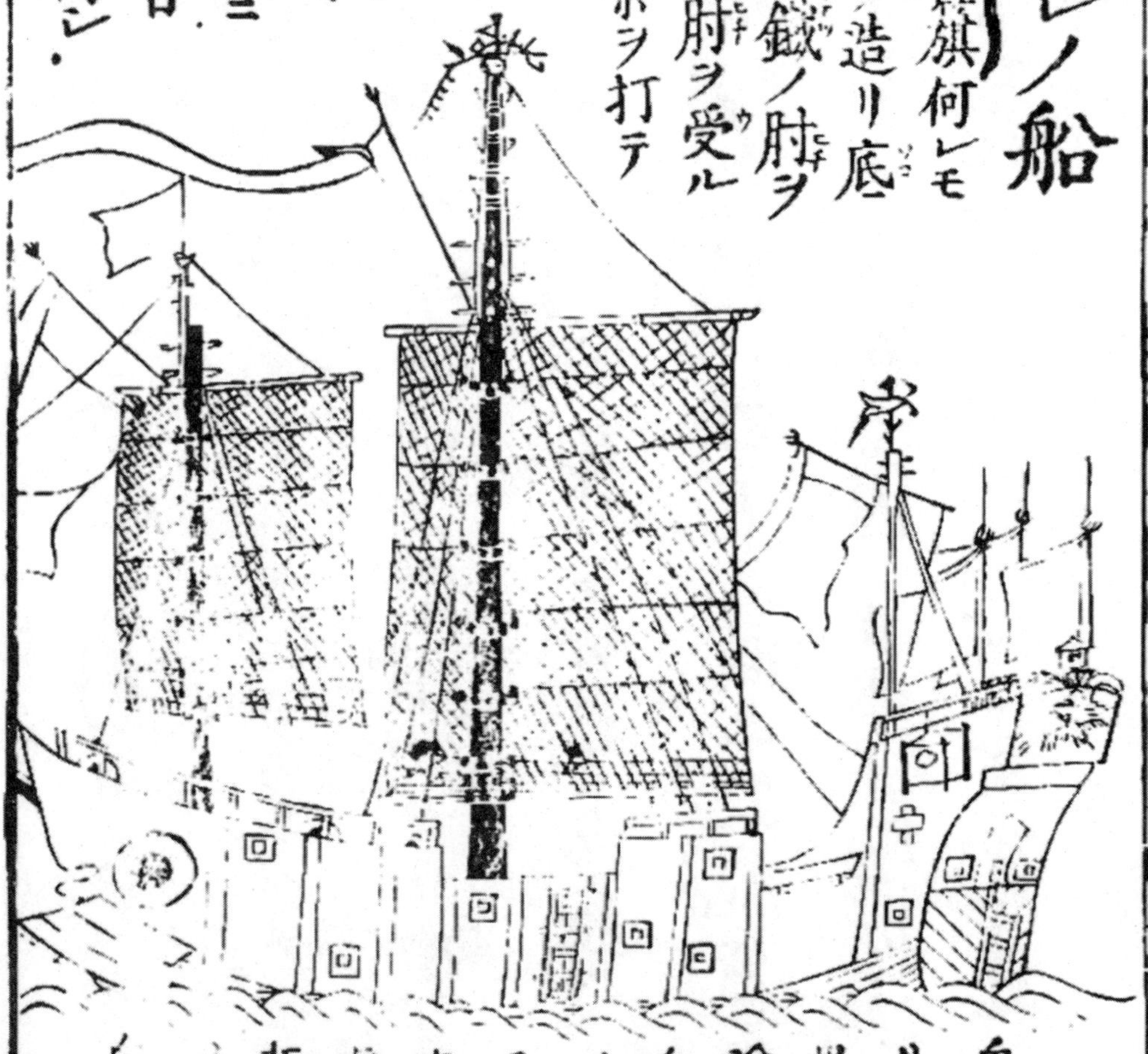

舟ノ上廻リヲ赤ク丹土色ニ塗ル又ハ白木ニ油ヲ引タルモアリ舟底水ニ入ル處ハ泔石灰ニテ悉ク塗ル故ニ白キ也

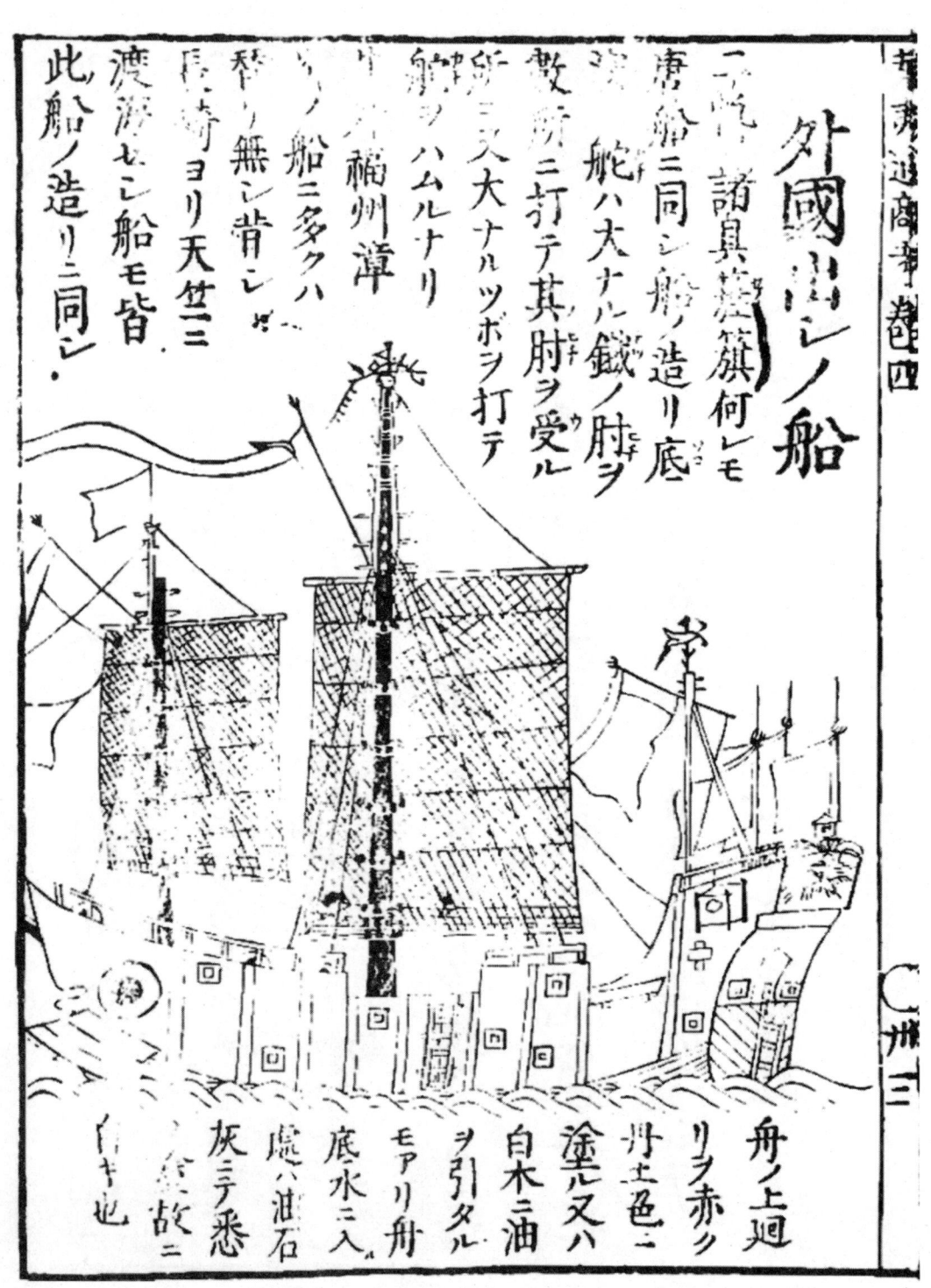

是ヲミスツイス造リノ船トザツス大ナル者二百萬斤中ナル者百五六十萬斤小ハ荷物百二三十萬斤也又艠《ヘサイ》ニ遣《ヤリ》出《ダシ》トテ短キ檣アリ外國ノ海上遠キニ往來スル處ノ唐船ハ皆遣出ノ檣有テ帆ヲ掛ル又高帆《ホ》ト云アリ本帆彌《ヤ》帆ノ上ニ又帆ヲ掛ル也高帆モ遣出シハ皆木《モ》綿《メン》帆ナリ船ノ長サ十五六間ヨリ二十間ニテ大小段《ダン》々アリ此圖ハ今ノ暹《シヤ》羅《ラ》出《ダシ》ノ船ナリ

華夷通商考之四　廿四

紅毛舟之圖

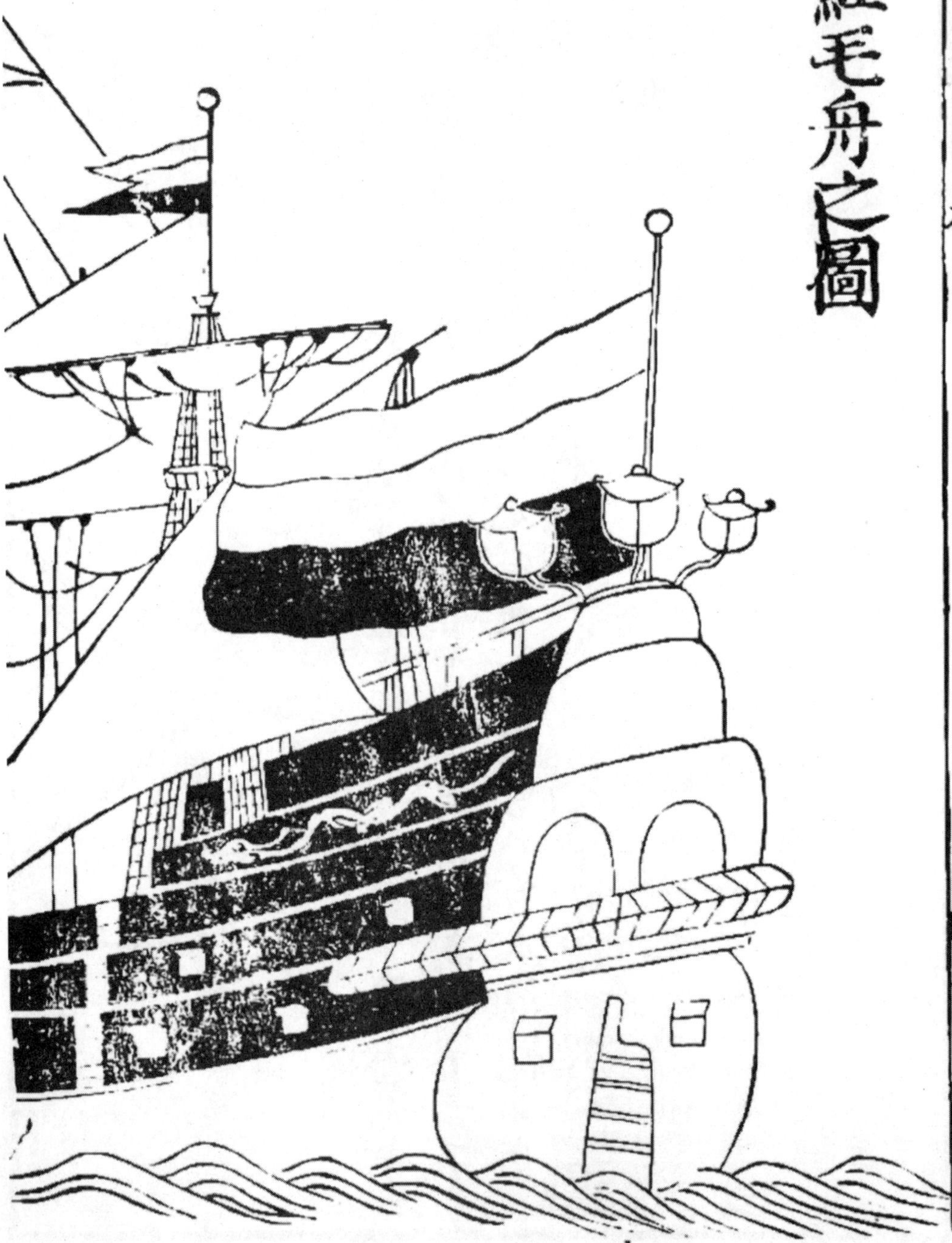

船《フネ》長《チヤウ》大《タイ》ナルハ二十五六間《ケン》小《チイサ》キ者《ハ》二十間許《バカリ》深《フカサ》六七間横《ヨコ》六七間石火矢《ヤ》二十二三四五挺《テウ》各《ヲノヽヽ》長《ナカサ》八九尺檣《ホバシラ》四所《シヨ》何《イツ》レモ二段《ダン》ツヽニ接タル所《トコロ》笠《カサ》ノ如《コト》クナル所ニテ檣ヲ延《ノ》ベ縮《チヽ》ミ上下スル様《ヤウ》ニシタル者也帆《ホ》二段《ダン》ツヽ掛《カク》ルナリ皆《ミナ》本綿《モメン》帆《ホ》ナリ

此以前長三十三間ノ船來レル事アリ

舵《カヂ》ハ肘《ヒヂ》ツボニテハムルヤウニシタル者也碇《イカリ》ハ皆鐵《テツ》ナリ長三四間モ有《リ》之綱《ツナ》ハ皆苧《ヲ》ナリ大《オホイ》サ一尺二三

寸廻《ニハ》リ舟《フチ》黒《クロ》ミノ分《ブン》ハ皆《ミナ》チヤン塗《スリ》ナリ底《ソコ》ノ赤《アカ》サビ邑《イヒ》ノ所ハ水ニ入所悉《コトく》ク鉄《テツ》ノ小《コ》釘《クギ》ヲ透《スキ》間《ヽ》ナク打《ウチ》タル者ナリ舟一《ト》代《タイ》燒《タツ》ルト云事ナシ船《フナ》具《ク》綱《ツナ》等《トウ》悉クチヤンヲ塗タリチヤンハ松《マツ》脂《ヤニ》ト油《アブラ》ヲ煉《子リ》合《アハ》セタル者也

増補華夷通商考巻之四　終

增補華夷通商考卷之五

外夷《ワイイ》增附録《ゾウフロク》

韃靼《ダツタン》　并意《イ》貌《グ》　回回《フイフイ》　并撒《サ》馬《マ》兒罕　亞《ア》瑪《マ》作《サ》搦《ニイ》　アラビヤ

ジユデヤ　チイヘレ　アルマニヤ　ボロニヤ　ホトリヤ

タニヤ　ゲレジヤ　并ヲソンボ山 異《イ》嶋異《イ》水　フランス

イタリヤ　并ロウマ國 スセリヤ　イルランタ　北海諸嶋《ホツカイシヨタウ》　并ゴルランデヤ

小人國　エジツト　エラコ　ペスニヤ　スミデヤ

アビリカ　アビンシイ　モノモタツハ　インコテ　センバ

亞《ア》大《タ》臘《ラ》山　七嶋ノタメイ

ベルウ　ハラジイル并銀河　チイカ并バダウン長人國也

キンカスラ　モレコ　キビラ并アリフルシヤノウバアニアン　ダゼヱル

并アベルカンモコウガ　フレケニヤ　ノウンベルゴ　ソガン　タルガ

ノウバフランス　イリメテランテ

ベカウル　イスハニヨウル　クウバ　ガーガ　ハルニタ

無《ハ》福《フツ》嶋　無《ム》名《メイ》島　珊《サン》瑚《ゴ》嶋

墨瓦臘尼加《メガラニカ》 并ノウハギ子ヤ
ノウハヲランタ

右ノ諸國《シヨコク》ハ皆《ミナ》夷狄《イテキ》戎蠻《ジウバン》ニテ終《ツイ》ニ日本ニ来リシ事無之《ナシ》ト云氏唐人《タウジン》紅毛《ヲランタ》等《ラ》ノ説話《セツハ》ニ依《ヨツ》テ記《キス》之《コレヲ》者《モノ》也

海中異魚海獣

大魚類《ゼウルイ》　猛魚類　薄里波魚《ホリハギヨ》　ラガルト魚

落斯馬《ラスマ》　海魔獣《カイマジウ》　方獣《ハウジウ》　如嶋魚《ジヨタウ》　飛魚《ヒ》

介甲之類《カイカウノ》　大蝦《カニ》　海女《カイジヨ》　ヘイレムレルト云　海馬《カイ》

海人之類

外夷増附録

韃《ダツ》靼《タン》國《コク》

唐土《タウド》北京ヨリ百里或ハ二百里三百里所ニ不同

唐《タウ》土《ト》ノ北《キタ》ニテ東《トウ》西《ザイ》ノ別《ベツ》アリ今大《タイ》清《セイ》ノ天子ノ本國ハ西《ニシ》達《ダツ》且《タン》ナリ四十八道《ダウ》有《アツ》テ廣《クワウ》大《ダイ》ナル國也寒《カン》國《コク》ニテ北《ホツ》方《ハウ》ノ諸《シヨ》國《コク》ハ常《ツネ》ニ極《ゴク》寒《カン》ナリ一國平《ヘイ》地《チ》ハ皆《ミナ》砂《スナ》ニテ大山多《オホ》ク大河少《スクナ》キ國[illegible]ト云其《ソノ》附《フ》屬《ゾク》ノ國甚《ハナハダ》多《オホ》シ其《ソノ》中《ナカ》ニ意《イ》貌《バウ》國ヲ第《ダイ》一トス此《コノ》國冬《フユ》中《チウ》ハ曾テ雨《アメ》降《フル》事《コト》ナ

ク夏《ナツ》ニ至《イタリ》テ少《スコシ》雨《アメ》零人間《ニンゲン》勇強《ユウキヤウ》ニシテ病死《ビヤウシ》スル事《コト》ヲ恥《チ》、
辱《ギヨク》トス嗜《タシ》ンテ馬ヲ食ス又牛羊《ヒツジ》ヲモ食《シヨク》ス尤《モツトモ》魚肉《ニク》ナキ
國也、　土産　角端《カクタン》 牛ニ似テ大ナリ能ク人ノ言語ヲ知トツ　馬 他國ニ勝レリ　貂鼠《リス》
鼲　豹　候厲 已上ノ獸其皮皆裘ニ造レリ

回回國《フイフイ》 唐土ノ西《ニシ》極《キハマリ》ヨリ凡《オヨソ》八百餘里

唐土《タウド》ノ西北《セイホク》達《ダツ》且ノ西《ニシ》也撒馬兒罕《サマルカン》其外《ノホカ》屬類《ゾクルイ》ノ大
國多シ學文《モン》一流《リウ》アリテ禮《レイ》ヲ好《コノ》ムトソ暦《レキ》學《ガク》等モ有

之テ其造制《ザウセイ》ノ暦《レキ》中華《チウクワ》ニ入《イツ》テ用《モチヰ》ラレシ事アリ回回《フイフイ》暦巳長也唐暦《タウレキ》ト大《オホキ》ニ同《オナジ》クシテ少《スコシ》ク異《コト》ナル處《トコロ》アリ今代モ唐ヨリ往来《ワウライ》アリト云　土産　玉石　牛　羊　馬　此ノ外畜類《チクルイ》多《オホ》キ國ナリ但《タヾシ》此ノ國ノ人豕《イノコ》ヲ食スル事ナキ故《ユヘ》ニ無《ナシ》豕《イノコ》ト云

亞《ア》瑪《マ》作《サ》搦

達且《ダツタン》ノ西《ニシ》地中《チチウ》海《カイ》ニ近《チカ》キ國ナリ海陸《カイリク》𪜈ニ道規《トウキ》《ミチノリ》未ダ

審紅毛國ヨリ東南《トウナン》也此國ノ人民總《スヘ》テ女人ナリ勇《ユウ》強《キヤウ》ニシテ善《ヨク》合戰スト云國法《コクハウ》ニテ春月ノ間ニ男子《ナンシ》ヲ他《タ》國ヨリ入《イ》ルトソ子《コ》ヲ産《サン》スル事アルニ男子《ナンシ》ナレハ則《スナハチ》殺《コロス》ベシト云但今代《キンダイ》ハ隣國《リンゴク》ノ爲《タメ》ニ奪《ウバ》レテ男子《ナンシ》共《トモ》ニ生《シヤウ》生スル事《コト》如常トゾ土産等《トウ》未審

アラビヤ

南天竺《ナンテンヂク》ノ西暹羅《シヤム》ヨリ二千餘《ヨ》里四季《キ》アリ少暖《ダン》國《コク》

ナリ土地甚《ハナハダ》冨《フ》饒《ニヨウ》年ニ兩度《リヤウド》宛《ツヽ》米穀《ヘイコク》成熟《シヤウジユク》スト云又此ノ國ニ日本道《ミチ》三百餘里ノ沙地《シヤチ》アリ大風《タイフウ》起《オコ》ルトキハ沙《スナ》ヲ吹《フキ》テ浪《ナミ》ノ如《ゴト》ク行旅《カウリヨ》ノ人偶《タマタマ》是《コレ》ニ遇《アフ》トキハ則《スナハチ》沙浪《シヤラウ》ノ爲《タメ》ニ埋《ウヅ》マル又此ノ國ニフニスト云鳥《トリ》アリ壽命《ジユメウ》四五百歳ナリ自《ミヅカ》ラ死《シ》スル事ヲ知《シツ》テ香木《カウボク》ノ枯枝《カレエダ》ヲ聚《アツ》メテ其ノ上ニ立《タチ》テ炎天《エンテン》ノ時ヲ待《マチ》テ尾《ヲ》ヲ揺《ウゴカ》シテ火ヲ燃《モヤ》シ自《ミヅカ》ラ燒《ヤケ》死《シ》ス此ノ鳥此ノ國ニ只《タヾ》一鳥有リ之死《シ》スルトキハ又一鳥

華夷通商考巻之五　五

生《シヤウ》ズ此ノ故ニ國ノ諺《コトハザ》ニ人物《ジンブツ》奇異《キイ》ニシテニツ無《ナキ》モノヲフ
ニスト云トゾ又此ノ國ニ廣《ヒロサ》十五里長《ナガサ》六十里ノ湖《ミヅウミ》ア
リ水味甚《ハナハダ》鹹《シハヽユ》クテ其黏《ネバ》キ事松脂《マツヤニ》ノ沸《ワク》ルカ如シ物ヲ
以テ沈《シヅ》ムル事アタハズ押《オシ》テ入レ𪜈不入《イラ》ト云日《ヒ》光《ヒカリ》水面《スイメン》ヲ
照《テラ》ストキハ湖《コ》中《チ》悉ク五色《シキ》ノ映《エイ》光《クワウ》ヲ生《シヤウ》ズト云土産《トサン》ハ
金銀《キンギン》多《オホ》シト云又此ノ國ノ西《ニシ》ニ八百里程《ホド》ノ入海《イリウミ》アリ
此ノ海ノ潮水《テウスイ》常《ツネ》ニ赤《アカ》キコト如シ血《チ》ノ是ヲ西紅海《サイコウカイ》ト云此

海ノ西《ニシ》ニ[バビロウニヤ]ト云國アリ十年ニ一度《ト》稀ニ雨《アメ》

フル事有テ常ハ雨《アメ》降《フル》事ナキ國ナリト云

[ジユデヤ]

西《カイ》天《テン》竺《ヂク》ノ西《ニシ》ハルシヤ國ニ近《チカ》シ此國開《カイ》基《キ》ヨリ六千

餘年ニシテ國《コク》法《ハフ》不亂《ミダレ》世《ヨ》代《ヨ》相《アヒ》傳《ツタ》フル國ナリトゾ土

地モ甚《タ》豊《ホウ》饒《ニヨウ》ニテ民《ミン》家《カ》繁《ハン》榮《エイ》ニテ廣《ヒロ》キ國ナリト云傳《ツタフ》

此屬《ゾク》類《ルイ》ノ國ニ[マタスコ]ト云國アリ此國《ノ》ヨリ出ルテリ

アカト云丹《タン》藥《ヤク》アリ萬病《ビヤウ》ニ用《モチヒ》テ妙《メウ》也稀《マレ》ニ紅毛《ヲランダ》持来《モチキタ》ル也但此國ヨリ出ル、正眞《シヤウジン》ノテリアカハ希《マレ》ナル者《モノ》也ト云

唐土《タウド》ニテ拂菻國《ホツリンコク》又ハ大秦國《タイシンコク》ト云ハジユデヤ國ノ事也

チイペレ

ジユデヤノ西《ニシ》地中海《チチウカイ》ノ中《ウチ》ニアル島《シマ》也土地冨饒《フネウ》ニシテ土産《ドサン》多《ヲホ》キ地ナリ葡萄酒《ブダウシユ》極《キハメ》テ上好《ジヤウコウ》ト云又火浣布《クハクハンフ》ヲ織ト云但此邊《ヘン》ノ嶋《シマ》ニハ雨《アメ》降《フ》ル事《コト》稀《マレ》ナル所多クテ

此ノ嶋モ五年六年又八十年雨《アメ》フル事ナキコトハ多ケレ𪜈別《ベツ》條《デウ》ナシト云或《アル》時此ノ島三十六年ノ間《アヒダ》雨《アメ》降《フル》コト無《ナカ》リシニ萬《バン》民《ミン》苦《クル》シミテ皆《ミナ》散《サン》ジテ他《タ》國ニ往《ユキ》タリシカ𪜈後《ノチ》又歸《カヘ》リ集《アツマ》リシト云傳《ツタ》フ此ノ國ハ四季《キ》アル暑《ハヅ》ノ國ナレ𪜈其ノ地常《ツネ》ニ熱《ネツ》スト云

已上ノ國其ノ外唐《タウ》土《ト》天《テン》竺《ヂク》ヲ合《アハ》セテ總《ソウ》名《メウ》ヲ亞《ア》細《サイ》亞《ア》ト号《ガウ》ス

「アルミニヤ」

此國ハハルシヤ國ノ北西《キタ、ニシ》ニテ大國也此國ノ屬國《ゾクコク》ニハルミヤト云國アリ地中ニ金多クテ井ヲ掘事《ホリコト》アレバ必《カナラ》ス金《キン》ノ塊ヲ掘出《ホリイダ》ス又河《カハ》ノ底《ソコ》ニ豆粒《マメツブ》ホトノ金多《コカネオホ》シト云然《シカ》レ𪜈專ラ是《コレ》ヲ掘取《ホリト》ル事《コト》免サザル國法《コクハフ》也トソ

「ホラニヤ」ロイ

此國土地富饒ニテ人間温和朴實《ハクジツ》ニ禮法《レイハフ》正シク

絶《タヘ》テ盗賊《タウゾク》ト云事ヲ不知《シラ》ト云但《シ》大寒《カン》國ニテ海水冬月ニハ悉《コトゴト》ク凍《コホ》リテ旅《リヨ》行《カウ》ノ人常《ツネ》ニ數《ス》日ノ間《アヒダ》氷《コホリ》ノ上ヲ行《ユク》ト云土産ニ獸《ケダモノ》皮《カハ》色《イロ》〻鹽《シホ》ノ水《スイ》晶《シヤウ》ノ如《ゴト》クナルヲ出ストソ

ホトリヤ

ボロニヤノ屬《ゾク》也其土地甚ダ發生《シヤウ》ノ氣《キ》強《ツヨ》ク五穀《コク》ノ類《ルイ》一年ノ種《ヒエ》熟《ジユク》他《タ》ノ三年ノ物《モノ》成《ナリ》アリ草木ノ成長《セイチヤウ》總《スベ》テ他

國ニ三倍《バイ》スト云又海底《カイテイ》ノ石《セキ》間《カン》ヨリ琥珀《コハク》流《ル》出《レユツ》スト云初《ハジメ》テ出《イツ》ルトキハ油《アブラ》ノ如《コト》ク寒《カン》ニ遇テ漸《ヤウヤク》凝《コツ》テ堅《カタ》ク風《フウ》波《ハ》ニ隨《シタガフ》テ海《カイ》濱《ヒン》ニ浮《ウカ》ミ至《イタ》ルヲ採《トル》者《モノ》也トゾ今天《テン》竺《ヂク》紅毛《ヲランダ》人《ヒト》持《モテ》來《キク》ル處《トコロ》ノ琥珀《コハク》ハ此ノ海中ヨリ出ル者也ト云茯苓《フクレウ》千年ヲ經《ヘ》テ成《ナ》ル處ノ琥珀ニハ非《アラ》ストゾ

【タニヤ】

ホロニヤノ東《ヒガシ》大寒《カン》國也此ノ國ノ北《キタ》氷《ヘウ》海《カイ》夜《ヤ》國《コク》ニ近《チカ》シ

タニヤ國ノ海中氷解《コホリトケ》テ大船《セン》往来《ワウライ》スルニ魚《ウヲ》甚《ハナハダ》多《オホ》ク米《ベイ》面《メン》ニ蔽《オホ》ヒ満《ミチ》テ船《フネ》行《ユク》コト不レ能《アタハ》時アリト云土産五穀《ゴコク》金《キン》銀銅《ドウ》鐵《テツ》錫鉛《エン》多シ人物勇強《ユウキヤウ》ニシテ盗賊《タウゾク》ナク賣買《バイバイ》金《キン》銀《ギン》ヲ不用物《モチヒモノ》ヲ以テ相《アヒ》交易《カウエキ》スト云

ゲレジヤ

アルニニヤノ南學《ミナミニカク》文《モン》ノ道《ミチ》アリテ禮儀《レイギ》音樂《オンガク》書籍《シヨセキ》等甚《ハナハダ》多《オホ》ク皆《ミナ》横《ヨコ》文字《モンジ》也人皆魚物《ギヨブツ》ヲ食《シヨク》スル事ヲ喜《ヨロコ》ンデ嘗《カツ》テ

肉《ニク》類《ルイ》ヲ不食《クラハ》美《ビ》酒《シュ》ヲ嗜《タ》ムト云リ此國ノ屬《ゾク》國《コク》ニロウ一ニヤト云國アリ其城《ジヤウ》郭《クワク》廣《クワウ》大《タイ》ニシテ民《ミン》居《キヨ》數《ス》十里ニ連《ツラナ》レリトゾ又此國ニヲソンボト云ル高《カウ》山《ザン》アリ此山ノ頂《テウ》上《ジヤウ》ニハ絶《タヘ》テ雨《アメ》零《フル》コト無《ナ》ク終《キウ》古《コ》晴《セイ》天《テン》ナリ風《カゼ》モ吹《フク》事無《ナシ》ト云此山ノ邊《ヘン》ニ二ノ流《リウ》水《スイ》アリ一ノ水ヲ白《ハク》羊《ヤウ》ニ飼《カ》フトキハ必《カナラ》ス黒《コク》羊《ヤウ》ニ變《ヘン》ズ又一ノ水ヲ黒羊ニ飲《ノマ》シムレバ必ス白羊ニ變《ヘン》ズトゾ又此國ノ南《ミナミ》ノ海中ニ二島《タウ》アリ

其一嶋《タウ》毎《マイ》一日ニ七度《ト》宛《ツヽ》潮《ウシホ》ノ満《ミチ》干《ヒ》アリト云其一嶋《タウ》ハ廻《メグ》リ六八七里ノ島也土《ト》産《サン》酒《サケ》油《アブラ》蜜《ミツ》多《オホ》シ又橘《キツ》柚《ユウ》柑《カン》子ノ樹《キ》ノミニテ別《ベツ》ノ樹《シユ》木《モク》無キ島《シマ》トゾ何モ四季《キ》有ト云

フランス

ヲランダ國ノ南《ミナミ》大國也土地豊《ホウ》饒《ゼウ》ニテ武《ブ》勇《ユウ》ヲ専《モツパラ》トスル國ナルヨシ

イタリヤ

紅毛國ノ南《ナン》方也屬《ゾク》甚《ハナハダ》多《オホ》シ其ノ第《ダイ》一ナル者ロウ一、ト云奇《キ》怪《クワイ》多キ國也ト云此ノ國土地豐《ホウ》厚《コウ》ニシテ人民《ミン》富《フ》饒《ニヨウ》ニ人品《ヒン》賢《ケン》智《チ》ノ者《モノ》多《オホク》出《イヅ》ル國ト云此國ニ千年前國《コク》王《ワウ》一ツノ大殿《デン》ヲ造《ツク》レリ其ノ寛《クワン》大《タイ》奇《キ》麗《レイ》巧《コウ》妙《メウ》ナル事古今ニ絶《ゼツ》ス其ノ殿《デン》今ニ猶《ナヲ》在《アリ》之トゾ又此國ニ大山ノ巓《イタヽキ》ヨリ水《ミヅ》湧《ワキ》出《イデ》テ雷《ライ》ノ如《コト》ク其ノ聲《コヘ》數《ス》十里ノ間《アヒダ》ニ聞《キコ》ユト又泉《イヅミ》アリ何《ナニ》ニテモ水中ニ沈《シヅ》メ置《オク》トキハ一月ノ間ニ石ト成《ト》レリト又温泉《ヲンセン》アリ常《ツネ》ニ沸《ワキ》上《アカ》ル事高《タカサ》一丈餘《チヤウヨ》人《ジン》畜《チク》諸物《シヨブツ》ヲ入《イル》レハ則《スナハチ》爛《ラン》焼《シヤウ》ス又火山アリ晝夜《チウヤ》火燃《モヘ》テ燐《リン》石四方《ハウ》ニ飛《トビ》テ數《ス》十里ノ外《ホカ》ニ至《イタ》ル按《アン》スルニ日本肥後國阿曽山ノ火池是ニ同シ又山谷《コク》ノ間《アヒダ》ニ洞《ホラ》一百所《シヨ》アリ内《ウチ》ニ入《イリ》テ皆《ミナ》病《ヤマヒ》ヲ療《イヤ》ス各《ヲノヲノ》一病《ビヤウ》ヲ主《ツカサ》トル其洞《ホラ》ハ瘡《サウ》疥《カイ》ヲ治《チ》シ其洞ハ溼《シツ》ヲ除《ノゾ》キ其洞ハ筋《キン》骨《コツ》ヲ堅《カタ》クスト各一病ヲ主ルト云又屬國《ゾクコク》ニスセリヤト云國アリ嶋《シマ》也又火山多シ此國ノ人《ヒト》天《テン》文《モン》

ノ學《ガフ》ニ純《モハ》ラ精《クハシ》ク日影《ニツエイ》ヲ計《ハカ》ルノ道具《ダウグ》土圭《トケイ》ノ類《ルイ》ハ此國ヨリ始《ハジメ》レルヨシ此外《ノホカ》絶妙《ゼツメウ》ノ細工《サイク》多《オホ》シト云此國或時《アルトキ》敵《テキ》舩《セン》數《ス》百艘《ソウ》來《キタツ》テ此嶋《シマ》ヲ襲《オソ》ヘリ時ニ徑《ワタリ》丈《チヤウ》餘《ヨ》ナル火取《トリ》鏡《カヾミ》ヲ數《アマ》多《タ》出《イダ》シテ高《タカ》キ岡《オカ》ヨリ晴《セイ》天《テン》ニ日影《ジツエイ》ヲ稟《ウケ》テ敵《テキ》船《セン》ニ映《エイ》射《ヤ》セシカバ光輝《クワウキ》忽《タチマチ》ニ火ヲ發《ハツ》シテ數《ス》百艘《ソウ》一ト時ニ燒卻《セウキヤク》スト云此外奇怪《キクワイ》ノ小島《コシマ》多シトゾ又イタリヤ國ノ女人ハ總《スベ》テ乳《チ》房《フサ》長《ナガ》シ後《ウシ》ロニ負《オイ》ナカラ兒ニ乳《チ》ヲ

呑シムトゾ此以前ヲランダ船ヨリ長崎ニ女人来リシ事アリシト云

イルランダ

ヲランダ國ノ西ニ在嶋國也此ノ邊《ヘン》ハ皆《ミナ》大寒《カン》國也ト云ドモ此ノ國ハ冬《フユ》ト云ドモ温《アタヽ》カニシテ火ヲ求ムルコト無《ナ》ク夏《ナツ》ト云ドモ扇《アフキ》ヲツカフ事ナシトゾ是《コレ》皆《ミナ》其ノ地《チ》氣《キ》自《ジ》然《ゼン》ノ妙《メウ》也又此ノ國ノ海《ウミ》端《バタ》ニ小《コ》嶋《シマ》アリ其ノ地ニ洞《ドウ》穴《ケツ》アリ常《ツネ》ニ怪《クワイ》異《イ》

ノ形《カタチ》アル者《モノ》色〻《イロく》洞中《トウチウ》ヨリ出《イヅ》ルト云此國獸畜《シウチク》甚《ハナハダ》多《オホシ》トゾ

北《ホク》海《カイ》諸《シヨ》嶋《タウ》

インギリス國ニ湖《ミヅウミ》アリ長《ナガ》二十五里廣《ヒロ》八里中ニ小島三十アリ此《ノ》湖《ミヅウミ》曾テ風《カゼ》無《ナ》クシテ忽《タチマチ》大《オホ》浪《ナミ》ヲ起《オコ》ス船《フネ》是《コレ》ニ遇《アフ》テ破《ヤブ》ルトゾ又

小嶋アリ風《カゼ》ニ隨《シタガ》ヒテ動《ウゴ》キ移《ウツ》ル此故《ユヘ》ニ人ハ不《ス》住《スマ》トゾ牛《ウシ》羊《ヒツジ》甚《ハナハダ》多《オホ》ク草《サウ》木《モク》茂《モ》盛《セイ》スト云又

一嶋アリ死《シ》スル者《モノ》ヲ葬《ホウム》ル事ヲセズ只《タヾ》其屍《ソノカバネ》ヲ山ニ置《オク》ニ

百年ニテモ不朽《クチ》トゾ其ノ地絶《タヘ》テ鼠《ネズミ》ナシ他所ノ鼠ヲ捕《ト》リ来テ此ノ嶌ニ置《オク》ニ必死《カナラズシ》ストイフ又島國アリ冬《フユ》ニ至《イタリ》テ數《ス》月ノ間夜《ヒタヨ》ノミ續《ツヾ》キテ行路《カウロ》工作《コウサク》皆《ミナ》燈ヲ以テストイフ其ノ人長大《チヤウダイ》多力《タリキ》ニシテ遍身《ヘンシン》ニ毛《ケ》アリテ如猿《サン》ノトゾ其ノ土産《トサン》八牛《ウシ》羊《ヒツジ》鹿《シカ》甚《タ》多ク大寒地《カンチ》ニテ氷海《ヘウカイ》アリトゾ又ゴルランデヤト云嶌《シマ》國アリ是モ長夜《ヂヤウヤ》ノ國也其ノ地火多シ民《ミン》居《キヨ》ノ所皆伏《フク》火《クワ》アリ溝《ミゾ》ヲ作リテ火ヲ通《ツウ》ジ其ノ火《クワ》燄《エン》ノ

出ル處《トコロ》ヲ則《チ》竈《カマト》トシテ薪《タキヾ》ヲ用《モチユ》ル事ナク其ノ火永《テイ》世《セ》不《ス》滅《キヘ》ト云此ノ邊《ヘン》ニヲランダ人鯨取《クジラトリ》ニ来ル所アリト云

小人國

ホトリヤ國ノ北《キタ》ノ海《カイ》濱ニアリト云人ノ高《タカサ》二尺許《ハカ》リ鬚《シユ》《ヒゲ》眉《ヒ》《ニユ》曾《カツ》テ無《ナ》ク男《ナン》女《ニヨ》見《ミ》分《ワケ》ガタシ土地鹿《ロク》《シカ》多《オホ》シ人皆鹿《ロク》ニ乘《ノリ》テ行《ユク》或ハ鶴《ツル》ノ如キノ鳥《トリ》其ノ人ヲ食《クラフ》事アリ故ニ小人常《ツネ》ニ此ノ鳥《トリ》ト相《アヒ》戰《タヽカ》フ若《モシ》偶《タマく》山野《サンヤ》ニテ此ノ鳥ノ卵《タマゴ》ヲ見《ミ》レバ

即《チ》破《ヤブル》之《シ》テ其《ノ》種《シユ》類《ルイ》ヲ絶《タヤ》サントスト云

已上アル二ミヤヨリ以下ノ諸《シユ》國《コク》皆《ミナ》歐《ヱウ》羅《ロツ》巴《ハ》ノ種《シユ》ナリ

ヱジツト國

土《ト》地《チ》富《フ》厚《コウ》ニシテ五穀《コク》豐《ホウ》饒《ジヨウ》ニ畜《チク》類《ルイ》多ク草木百菓茂《モ》盛《セイ》他《タ》國《コク》ニ倍《バイ》スト云但《タヽシ》此《ノ》國雨《アメ》降《フル》事ナク常《ツネ》ニ雲《ウン》氣《キ》ナシトゾ四季《キ》モ正《タヽ》シキ國ノヨシ此國ニ大河アリヱラ河《カ》ニロ河トモ云ト云河《カ》水《スイ》毎年五月ニ大ニ發《ハツ》ス土民《ミン》共《トモ》其《ノ》水ノ漲《ミナギ》リノ

多少ヲ見《ミ》テ歳《トシ》ノ豐歉《ホウケン》ヲ知《シル》ト云此國ノ人モ天文《テンモン》ノ學《カク》ヲスル由星《ホシ》ヲ見《ミ》ルノ學《カク》ナンドハ殊外《コトノホカ》精《クハ》シ不斷《フダン》晴天《セイテン》ナル國ナルガ故トゾ南天竺《ナンテンチク》ノ西ナリ

モラコ國

七州アリト云四季《キ》アル國ニテ土産《トサン》ハ獸皮《ケダモノヽカハ》多シ羊《ヒツジ》ノ皮《カハ》勝《スグ》レテ好《ヨシ》ト云其風俗《フウゾク》貴人《キニン》老人《ラウジン》ハ冠《カムリ》ヲ著《チヤク》ス平人《ヘイニン》ハ狹《セヾ》キ木綿《モメン》ニテ頭《カシラ》ヲツヽムトゾ

ヘス國

是モ七州アリ能國《ヨキクニ》ト云又ヌミデヤト云國アリ大國ナリト云圧人《ニン》間《ケン》ノ作《サ》法《ハフ》甚《ハナハダ》暴《ボウ》悪《アク》也トゾ

アビリカ

土地富《フ》饒《ニヨウ》ニテ五穀《コク》發《ハツ》生《シヤウ》シ易《ヤス》ク一莖《キヤウ》《クキ》ニ百穗《スイ》《ホ》ヲ生《シヤウ》スル者アリトゾヱジツトノ西ニテ四季《キ》アリ

アビシンイ

アジット國ノ南《ミナミ》熱《ネツ》國《コク》ナリ人《ニン》間《ゲン》色《イロ》甚《タ》黒《クロク》大國ニテ北《キタ》ノ方ハ人ノ色《イロ》モ少《スコ》シ黒シ其《ソノ》土《ト》産《サン》金《キン》銀《ギン》銅《トウ》鐵《テツ》多シ金銀𪜈ニ貴《タツト》フ事《コト》ヲ知《シル》ト云𪜈金《キン》子ヲ吹テ用ル事ヲ不ㇾ知《シラ》生《シヤウ》金《キン》塊《クワイ》ヲ得《エ》テハ則物《スナハチモノ》ニ易《カ》フ又蜜《ミツ》蠟《ラフ》ヲ産《サン》スル事甚《タ》多シ故ニ民家《カ》皆《ミナ》常《ツネ》ニ蠟《ラフ》ヲ燭《シヨク》トシテ油《アフラ》ヲ燈《トモシビ》トスル事ヲ不ㇾ知《シラ》人間愚《オロカ》ナルガ如《コトク》ニシテ又智《チ》慧《エ》アリ只《タヽ》質《シツ》直《チヨク》ニテ國中ニ道ニテ拾《ヒロ》ヒモ乄スル事ナク夜《ヨル》戸《ト》ヲ不ㇾ閉《トヂ》盗《タウ》賊《ゾク》ト云

事ヲ不レ知ト云五穀《コク》モ豊《ユタカ》ナル國トゾ此ノ國ニ大湖《コ》有ト云

モノモタツパ

カフリ國ノ本國ト云大國ニテ大熱《ネツ》國也其ノ人色《イロ》甚《ハナハダ》黒《クロ》ク皆《ミナ》愚《グ》ニシテ義理《キリ》ヲ不レ知《シラ》又穢《エ》不浄《フジヤウ》ヲ悪《ニク》ム事ナク居《キヨ》所《シヨ》人間《ニンゲン》ノ體《テイ》ニ非《アラ》ス喜《ヨロコ》ンテ象《ザウ》ノ肉《ニク》ヲ食《シヨク》ス多クハ生《ナマ》ニテ喰《クラ》フ又人ノ肉《ニク》ヲ喰《クラ》フ事ヲ好《コノ》ム常ニ裸《アカハダカ》ニテ能《ヨク》馬《ムマ》ニ乗《ノ》テ馳《ハ》ス他邦《タハウ》ノ人ノ衣《エ》ヲ著《チヤク》スルヲ見《ミ》レハ反《カヘツ》テ是ヲ笑《ワラ》フ衣ヲ

削《ケノ》リテ先《サキ》ヲ銳《スルド》《トク》ニシ火ニテ炙《アブリ》テ鎗《ヤリ》トシ能《ク》人ト戰《タヽカ》フ別《ベツ》ニ劒《ケン》戟《ケキ》ナシ又絕《タヘ》テ文字ト云事無《ナシ》之諸國《シヨコク》此國ノ人ヲ以テ奴《ヌ》僕《ボク》トスレバ能《ヨク》主人《シユジン》ニ忠《チウ》ヲナス人ノ爲《タメ》ニ死《シ》スル事何《ナニ》モ不《ス》思《オモハ》忌《イミ》避《サケ》ル事ナシ其《ノ》俗《ソク》只《タヽ》國主《コクシユ》アルコトヲ知《シリ》テ佛神《ブツジン》有《アル》事ヲ不知《シラ》只《タ》其《ノ》國王ヲ以テ神靈《シンレイ》トシ天地ノ主人《シユジン》ト思ヒテ年ノ水旱《スイカン》等《タウ》皆《ミナ》往《ユキ》テ王家《ワウカ》ニ祈《イノ》ル王若《モシ》嚏《ハナヒ》ル事アレハ朝廷《テウテイ》ニ在ル諸臣《シヨシン》高聲《カウセウ》ニ應諾《ヲウダク》ス其聲《コヘ》ヲ

傳《ツタヘ》テ段ゝ《ダンく》ニ應《ヲウ》ジテ國《クニ》悉《コトく》ク應諾《ヲウダク》ストゾ人皆酒《サケ》ヲ嗜

ム土《ト》產《サン》烏木《コクタン》多シ又黃金アリ黒鷄《コクケイ》アリ一國ノ雞《ニハトリ》

都《スベ》テ黒《クロ》シト云

インコテ

アビレンイノ屬類《ゾクルイ》也此國ハ晝《ヒル》食スル事ナク夜《ヨル》一食《ジキ》

ニシテ無再食熱國《ネツコク》ナリ

センバ

インコテノ南《ミナミ》ニテ熱《ネツ》國《コク》也此ノ國ノ人ハ勇《ユウ》猛《ミヤウ》ニシテ戰《タヽカヒ》ヲ好《コノ》三家《イヘ》ニ居《オ》ル事ナク他《タ》行《ギヤウ》ヲ專《モツハラ》トシテ隣《リン》國《コク》ヲ惱《ナヤマ》ス故《ユヘ》ニ近《キン》國是ヲ苦《クル》ムト云

已上ヱジツト已下ノ諸國其ノ大洲ノ總《ソウ》名《メウ》ヲ利未《ミ》亞《ア》ト号《ガウ》ス何《イツ》レモ奇《キ》怪《クワイ》多キ國也鳥《テウ》獸《ジウ》草木ニ奇《キ》怪《クワイ》ナル類《タクイ》多《オホ》シト云大獸《ジウ》ニハ獅《シ》子《シ》象《ザウ》アリ此邊《ヘン》ノ象《ザウ》ハ天竺ノ象ヨリ又大ナリトゾ又其ノ長《タケ》五尺許《バカリ》ノ獸《ケダモノ》

アリテ死人ノ墓《ツカ》ヲ發《ヒラキ》シテ屍《シカバネ》ヲ食ス又有リ獸其ノ長四五丈《チヤウ》許《バカリ》口《クチ》ニ涎《ヨダレ》ヲ吐出《ハキイダ》ス是ヲ龍涎香《リウエンカウ》ト名《ナツ》ク卜云又諸州ニ葡萄《フダウ》甚タ多シ皆大木也トゾ是ヲ酒《サケ》ニ釀《ジヤウ》シテ都《ス》テ米穀《ベイコク》ノ酒《サケ》ナシ又此諸國《コク》皆《ミナ》堅木《ケンモク》ヲ生《シヤウ》ズ千年水中ニ在テ不朽《キウ》ト云此ノ外又奇《キ》怪《クワイ》ノ山嶋アリ如左

亞《ア》大《タ》臘《ラ》山

世《セ》界《カイ》第《ダイ》一ノ高《カウ》山《ザン》也雪《ユキ》ハ常《ツネ》ニ山ノ半《ナカバ》ニ有テ絶《セツ》頂《テウ》ニハ終《シウ》古《コ》雨《ウ》露《ロ》風《フウ》雲《ウン》無《ナシ》之常ニ晴《セイ》天《テン》ナリトソ何《イヅ》レノ國ノ内ト云事ナク廣《クワウ》大《ダイ》ナル山也

七嶋

總《ソウ》州《シウ》利《リ》未《ミ》亞《ア》ノ西《サイ》北《ホク》ノ海《カイ》中《チウ》ニ在リ其地何《ナニ》モ肥《ヒ》饒《ゼウ》也但《タヾシ》此《コノ》島《シマ》絶《スベ》テ雨《アメ》フル事ナシ吹《フキ》来《キタ》ル風《カゼ》ニ霧《キリ》ノ如《ゴト》クナル潤《ジユン》澤《タク》ノ氣《キ》有《アツ》テ萬《バン》物《ブツ》ヲ養《ヤシナ》ヒ都《スベ》テ草木暢《チヤウ》茂《モ》シ易《ヤス》ク五穀《コク》野ニ

蒔《マキ》テ耕作《カウサク》ヲ勞《ラウ》セズト云𪜈能成熟《ヨクジヤウジユク》ス葡萄《ブダウ》酒多《オホ》シ又白《シロ》砂《サ》糖《タウ》甚多《タ》シ總《スベ》テ是《コレ》ヲ福嶋《フクトウ》ト号《カウ》ス其七嶋《タウ》ノ中ノ一島地皆《ミナ》鐵《テツ》ニシテ清水《セイスイ》ナシ其嶋ニ大樹《ジユ》一本アリ夜《ヨ》ニ入テ雲《ウン》霧《ム》樹《ジユ》上ヲ蔽《ヲヽ》フニ即《スナハチ》水《ミツ》其下ニ滴《シタヽ》リ夜《ヨ》明《アケ》レバ雲《ウン》霧《ム》散《サン》ジテ水《ミツ》不《ス》滴《シタヽラ》諸《モロ〳〵》人其樹《キ》下ニ餘多《アマタ》小池《コイケ》ヲ堀《ホリ》置《オク》ニ一夜《ヤ》ノ間ニ水各《ヲノ〳〵》滿《ミチ》溢《アフ》ルヲ汲《クメ》リ毎夜《マイヤ》古今《ココン》如此トゾ此七嶋或ハ三十餘年ニ一タヒ雨フル事アリ或ハ二十餘年ニ

一夕ヒ雨フル嶋《シマ》モアリト云又［タヌイ］ト云島《シマ》アリ太熱
地《チ》ナリ周回《シウクワイ》日本ノ百六十里徑《ワタリ》五十餘里ノ嶋也此嶋
常ニ雲氣《ウンキ》在《アツ》テ晴天《セイテン》ハ稀《マレ》ニ雨フル事多キ由《ヨシ》

右利未亞《ミリア》大洲《シウ》ノ諸國《シヨコク》也此外《ノホカ》盡《コトゴトク》クハ其ノ說未審皆
其ノ國唐土《タウド》天竺《テンヂク》ノ西《ニシ》ニ當《アタ》レリ又日本ノ東《ヒガシ》ニ當《アタ》レル
大洲《シウ》ヲ亞墨利加《アメリカ》ト云其ノ諸國如左

［ベルウ國］

大國ニテ熱《ネツ》國ナリ人間ノ風《フウ》俗《ゾク》最《モツトモ》賤《イヤ》シ土地肥《ヒ》饒《ニヨウ》ニシテ草木五穀《ゴク》總《スベ》テ上品《ヒン》ナリ鳥《テウ》獸《ジウ》ノ美《ビ》毛《モウ》ナル甚多シ土地金《キン》銀《ギン》多シトゾ此《ノ》屬《ゾク》類《ルイ》ノ數《ス》國アリ何《イツ》レモ雨《アメ》フル事無《ナキ》國也地中ニハ自《シ》然《ゼン》ニ潤《ジユン》澤《タク》ノ氣《キ》有《アツ》テ水《ミツ》萬《ハン》物《モツ》ヲ滋《ウルホ》スト云又油《ユ》膏《カウ》江《ゴウ》河《ガ》ヨリ湧《ユ》出《シユツ》スハ是ヲ燈《トモシビ》トス又是ヲ以テ舟《フチ》ヲ塗《ヌ》リ屋《オク》ヲ塗《ヌリ》テ漆《ウルシ》ト異《コト》ナル事ナシ又バルサムト云油《アブラ》アリ樹《キ》ノ脂《ヤニ》也其《ノ》香《カ》甚《ハナハダ》ツヨシ金《キン》瘡《サウ》ニ妙《メウ》ナリ或ハ

死人《シシ》ノ屍體《シタイ》ニ塗《スリ》テ葬《ホウム》ルトキハ千年ニテモ不朽《スクチ》ト云但《タヾ》
紅毛《ヲランダ》ノ持來《モチキタ》ル者ハ又別國《ヘツコク》ヨリ出ル者歟《カ》其《ノ》説《セツ》不同ア
リ又此《ノ》國ハ土ヲ堀《ホリ》テ薪《タキヾ》トス山野《サンヤ》平地《ヘイチ》皆《ミナ》此《ノ》土アリトゾ
此《ノ》國地震《チシン》甚《タ》多ク所ヽ山崩《クヅ》レ河《カハ》塞《フサカ》ルコト多ク或《ハ》地陥《オチイ》
リ山湧出《ユジユツ》スルノ類《ルイ》最《モツトモ》多シ此《ノ》故ニ家屋《カヲク》ヲ大ニ造《ツク》ル事
ヲ不爲《ナサ》惟《タヾ》國王《ワウ》ノ宮殿《キウデン》金《キン》銀《キン》ヲ彫《チリバ》メテ甚美ナリ一國
文字《モンジ》ナシ繩《ナハ》ヲ結《ムス》ンデ事ヲ識《シル》ス人《ノ》性《シヤウ》正直《ジキ》質素《シツソ》ニ貪《ムサボ》リ

吝《ヤフサカ》ナルコトナレ只地ニ毒蛇《トクジヤ》多シ故ニ網《アミ》ヲ張《ハリ》テ其ノ上ニ臥スヌ此ノ國ニハ鐵《テツ》ナレ武具《ブグ》ハ皆《ミナ》木ヲ焼《ヤキ》或ハ石《イシ》ヲ磨《ミガ》テ造《ツク》レリト云又此國ノ詞《コトハ》ハ唐土《タウト》ノ言語《コンゴ》ノ如クニ韻《イン》律《リツ》ニテ謂《イフ》詞《コトハ》也トゾ此ノ外《ホカ》世《セ》界《カイ》萬《ハン》國《コク》ノ詞《コトハ》ハ皆《ミナ》音《オン》訓《クン》ノ詞《コトハ》ニテ韻《イン》律《リツ》ノ詞ニハ非《アラ》ストゾ日本ヨリハ海上八千餘里

ハラジイル

大國ナリ北《キタ》ノ方《ハウ》ハ大熱《ネツ》國ニテ南《ミナミ》ノ方《ハウ》ハ四季《キ》正《タヾシ》キ國

也此《ノ》國ハ人ノ壽《ジユ》命《メイ》長《ナガ》キ國ニテ疾《シツ》病《ビヤウ》無シト云他國ノ病《ビヤウ》氣《キ》アル者《モノ》此《ノ》國ニ來《キタ》レハ必《カナラス》愈《イユ》ルトソ如何《イカ》サマ水土《スイト》ノ妙《メウ》ナラン其地《チ》氣《キ》冣《モツトモ》厚《アツ》ク奇《キ》異《イ》ノ鳥《テウ》獸《ジウ》多ク人能《ヨク》弓《ユミ》ヲ射《イル》人《ジン》物《ブツ》男《ナン》子《シ》ハ多ハ裸《アカハダカ》ニテ女人ハ常《ツネ》ニ亂《ラン》髪《ハツ》ニテ身《ミ》ヲ蔽《オヽ》ヘリ國《ソノ》米《ベイ》麥《バク》ナシ草《クサ》ノ根《ネ》ヲ晒《サラ》シ乾《カハカ》シ粉《コ》ニシテ餅《モチイ》ニ作《ツク》リテ朝《テウ》夕《セキ》ノ食《シキ》トス國主《シユ》ナク文《モン》字《ジ》ナシ好《コノ》ンデ人ノ肉《ニク》ヲ喰《クラ》フ大鳥《テウ》大獸《ジウ》多シ又此國ノ虎《トラ》ハ餓《ウヘ》タルトキハ百

人ニテモ捕《トラ》フル事不能ト云モ食ニ飽《アキ》タルトキハ一人ニテ捕《トラフ》之ト云土《ト》産《サン》蘓木甚多ク嘉木邑ニ多シ白砂糖アリ又此ノ國ノ南ニ銀《ギン》河《カ》アリ時有テ河《カ》水《スイ》湧《ワキ》出《イデ》テ平《ヘイ》地《チ》ニ溢《アフ》ル後《ノチ》ニ水退《シリゾイ》テ其ノ跡《アト》ヲ見《ミ》レハ皆《ミナ》銀《ギン》砂《シヤ》銀粒《リウ》有テ地ニ敷リト云此ノ河ノ廣《ヒロ》サ海ニ入ノ處ニテ幅十六七里也其ノ水海中ニ流《ナガ》レ入テ七八十里程《ホド》ノ間ハ銀水一派《ハ》浮《ウカ》ンテ潮《テウ》水《スイ》ニ不交《マジハラ》シテ分《ブン》明《メイ》也トゾ是世《セ》界《カイ》第《ダイ》

一ノ大河ナリト云其水源《ゲン》ニハ大湖《コ》アリテ大河三ツアリ銀《キン》河《ガ》ニ至テ合《アハセ》テ一派《ハ》トナレリ遠《エン》流《リウ》一千里ナル由《ヨシ》皆日本道ニシテノ説ナリ

チイカ

長人《チヤウジン》國《コク》ノ總《ソウ》名《ミヤウ》也バタウンナンド云國モ皆チイカ國ノ屬《ゾク》類《ルイ》也此國ハ人ノ長《タケ》一丈《ヂヤウ》程《ホト》ニテ遍《ヘン》身《シン》毛《ケ》アリ好《コノン》デ弓《ユミ》ヲ射《イ》ル矢《ヤ》ノ長《ナガサ》六尺男女共《トモ》ニ其面《ヲモテ》ヲ五色《シキ》ニ彩色《サイシキ》ヲ

風俗《フウゾク》トス人之《ノ》長《タケ》一丈ヨリ甚《タ》高《タカ》キモ有トゾ先年《ノ》紅《コウ》毛《ダ》船《フネ》東方《トウハウ》ノ大海ヲ通《トヲ》リシ時《トキ》屍《シカバネ》ノ長《タケ》一丈三尺ナルモノ浮《フウ》ニ流《ナガ》ルヽヲ得《エ》タリ本國ノ人ニ語《カタ》ルガ為《タメ》ニ其《ノ》肉《ニク》ヲ解《トキ》去《サリ》テ其《ノ》骨《ホネ》バカリヲ全《ゼン》體《タイ》取《トツ》テ歸《カヘ》リシト云リ其《ノ》齒《ハ》三指《シ》ヲ並《ナラ》ベタル廣《ヒロ》サアリシト云即《チ》此《ノ》國ノ人ノ没死《ホツシ》シタル者ナラントゾ他國ノ船《フネ》此《ノ》國ニ行《ユク》トキハ殺《コロ》ス故ニ紅毛人《ヲランダヒト》モ不《ス》往《ユカ》ト云七八十年已前長《ナガ》崎《サキ》町《テイ》人《ニン》ニ濱《ハマ》

田《ク》其《ソレ》ト云者アリ若年《ジヤクネン》ノ比《コロ》蠻《バン》舶《ハク》ニ寄《ヨリ》テ天《テン》竺《チク》諸《シヨ》國《コク》ヲ廻リシニ其船《フネ》或時《アルトキ》水渇《スイカツ》ニ遇《アフ》テ長人國ノ海《カイ》邊《ヘン》ニ船《フネ》ヲ著《ツケ》テ水ヲ取《トラ》ントスルニ長人共《トモ》弓《ユミ》ヲ持《モチ》テ是《コレ》ヲ追《オイ》來《キタ》リシカバ急《キウ》ニ船ヲ出シテ逃《ノガレ》タリト濱《ハマ》田《タ》氏《ウジ》カ物《モノ》語《カタリ》ナリシ由聞《キク》傳フ此ノ國ハ南《ミナミ》ノ寒《カン》國也トゾ此ノ國ノ邊《ヘン》ハ皆日本ノ東《トウ》南《ナン》ニ當《アタ》リテ海上七八千里或ハ一萬里ノ規ナリト云南《ナン》極《キヨク》ノ地ヲ出ル事四十度内外《ナイゲ》ノ國也

ボンカスラ

熱《ネツ》國《コク》ナリ赤《セキ》道《ダウ》ノ北《タ》ニアリ此ノ國世《セ》界《カイ》第《ダイ》一金《キン》銀《ギン》多《オホ》キ國也ト云此ノ故ニ諸《シヨ》方《ハウ》ノ國々ヨリ通《ツウ》ジテ交《カウ》易《エキ》ス此ノ國金銀ヲ以テ錢《セニ》ヲ鑄《イ》テ遣《ツカ》フ金錢大小數《ス》種《シユ》アリ其ノ第《ダイ》一大ナル錢《セニ》量《リヤウ》目《メ》百目中《チウ》ナル者《モ》五十目二十目小ナル者十匁トス銀錢《セン》モ五等《トウ》アリ小キ者五分《フン》ヨリ段《ダン》〻《〻》二八匁ヲ大錢《セン》トス都テ此ノ國金銀甚《タ》多キ故ニ諸物

ノ値貴《アタヒタカ》シト云リ國主《シユ》在テ仕置《シオキ》アル由 此國ノ屬國ニベガレカト云國アリ

モレコ　メレコ𪜈云

暖《ダン》國《コク》也國民《ミン》豐饒《ホウニヨウ》ニテ鳥類《テウルイ》魚類《ギヨルイ》甚多シ牛《ギウ》馬《バ》猪《チヨ》羊《ヤウ》甚ダ多ク是ヲ畜《カ》フヲ産業《サンゴフ》トシテ富《トメ》ル家《イヘ》多シ牛《ギウ》羊《ヤウ》五六萬ヲ畜《カ》フ者アリ最《モツトモ》不仁《フジン》ナル地ナリ又此ノ國ノ鷄《ニハトリ》ハ鵞《ガ》ヨリ大ニシテ羽毛《ウベウ》甚タ美《ビ》也冠《トサカ》ト觜《クチハシ》トノ間《アヒダ》ニ長《ナガ》キ鼻《ハナ》アリ其ノ鼻《ハナ》象《ガウ》ノ鼻《ハナ》ノ如ク伸《ノビ》縮《チヾ》ミアリ常ハ一寸許《バカリ》ニテ伸《ノブ》ルトキ

ハ五寸許《ハカリ》ト成《ナル》トゾ是ヲ食《シヨク》スルニ味《アチハヒ》最《モツトモ》好《ヨシ》ト云此ノ國ノ
屬國《リウコク》三十アリ其ノ中ニ大湖《コ》二ヅアリ南《ミナミ》ニアル湖《コ》ハ鹹水《カンスイ》
ニテ鹽《シホ》ヲ燒《ヤキ》北方《ホウハウ》ノ湖《コ》ハ水ノ味《アヂハヒ》甘《アマ》シ湖ノ四方ハ高《カウ》山ニテ
雪《ユキ》多シト云國主《シユ》城《ジヤウ》廓《クワク》有《アツ》テ民《ミン》戸《コ》數十萬富《フ》饒《ネウ》ナル
田但《シン》昔《ムカシ》ハ此ノ國ノ土民《トミン》人ヲ殺《コロシ》テ食《シヨク》シ又魔《エ》神《ジン》ヲ祭《マツ》レリ
近《キン》世《セ》ヨリ此ノ事無ト云𪜈野《ヤ》人ハ獰《ニヤウ》惡《アク》ニシテ走ルコト馬《ムマ》
ニモ勝レリ善《ヨク》弓《ユミ》ヲ射ル喜《コノ》ンデ人ノ肉《ニク》ヲ喰《クラ》フトゾ此國

モ一年ニ米穀《ベイコク》三度《ド》成熟《シヤウジユク》スルト云土産絲布《イトヌノ》糖蜜《タウミツ》甚《タ》多シトナリ

キビラ

寒國《カンコク》ニテ大國也男《ナン》女《ニヨ》皆《ミナ》鳥《トリ》ノ羽《ハ》虎《コ》豹《ヘウ》ノ皮《カハ》ヲ衣《コロモ》トス貴人《キ》ハ金《キン》銀《ギン》ヲ以ニ飾《カザリ》ル此屬國《ゾクコク》カリフルニヤ　ノウバ　アニアン等《トウ》ノ國アリ何《イヅ》レモ高《カウ》山多キ國ナリ其山《ノ》上常《ツネ》ニ極《ゴク》寒《カン》ニテ雪《ユキ》深《フカ》シトゾ土産松《マツ》ノ實《ミ》甚《タ》大ナル者

蚊蟻又蜂蜜《ホウミツ》甚多シ獅子《シシ》象《ザウ》虎《コ》豹《ヘウ》熊《ユウ》羆《ヒ》等《トウ》奇《キ》異《イ》ノ鳥類《テウルイ》多シ此國鹽《エン》少《スク》ナシ得之則珍寳《チンホウ》ノ如《ゴト》クス又其ノ地雷電《ライデン》多ク樹木《ジユモク》多クハ震撃《シンゲキ》スト云

ダビエル并アベルカン。フレゲニヤ。ノロンヘルコ。モカウガ。ノウハフランス。イリタテランテ。ソガラ

此ノ八國キビラ國ノ東《ヒガシ》ニ在リ何《イヅ》レモ大國也凡寒《カン》國《コク》ニテ人民《ジンミン》勇強《ユウキヤウ》ニ合戦《カツセン》ヲ好《コノ》ミ人ノ肉《ニク》ヲ食《クラ》フ事ヲ嗜《タシナ》ミ獰悪《ネイアク》偏卑《ヘンヒ》ノ國ト云

[タルハカ] [ベコウル]

此二國皆キビラ國ノ北《キタ》ニアリ大國ナリ氷海《ヘウカイ》夜《ヤ》國《コク》ニ近《チカ》ク大寒《カン》國ニテ男女《ナンニヨ》勇悍《ユウカン》ニシテ酒《サケ》ヲ好《コノ》ミ專ラ鬼神《シン》ヲ祭《マツ》ル事ヲ好《コノ》ム國主ト云事モ無ク屋室《ヲクシツ》ナシ總《スヘ》テ此邊《ヘン》ノ諸國《シヨコク》皆《ミナ》如此ノ地ナリ人倫《ジンリン》ノ作法《サハウ》ヲ不知《シラ》ト云此等ノ國ハ皆北極ノ出地五十度《ト》已上ノ地ナリ又此邊《ヘン》ノ嶋《シマ》國ニ[イスハニヨウル][クヮウバ][ガーガ]ト云嶋《シマ》アリ是ハ熱《ネツ》

國也此《ノ》地ニハ毒《ドク》木《モク》毒《ドク》草《サウ》多ク人偶《タマ〱》其《ノ》木ノ蔭《カゲ》ヲ過《スグ》レバ即《テ》斃《タフレ》ス大鳥《テウ》夜《ヨル》飛《トブ》トキ其《ノ》翼《ツバサ》ヨリ大光《クワウ》ヲ生《シヤウ》ズルアリ此《ノ》邊ニ小嶋《シマ》甚《タ》多シ黄金《ワウゴン》多キ島《シマ》アリ女人《ニヨ》勇猛《ユウマウ》ニシテ善《ヨ》ク弓《ユミ》ヲ射《イ》ル島《シマ》アリ又ハルモタ此《ノ》島ハ無人《ナクヒト》只《タヾ》魔《マ》魅《ミ》ノ類《ルイ》多ク往来《ワウライ》ノ海《カイ》舶《ハク》ヲ驚《オドロカ》ス風《カゼ》無《ナキ》ニ大浪《ラウ》ヲ起《オコ》シ或ハ魔《マ》魅《ミ》行《ユク》舟《フネ》ニ乗《ノリ》テ其《ノ》船《フネ》ヲ飛《トブ》カ如ク一時ニ數《ス》百里ヲ行《ユカ》シムトゾ是《コレ》此《ノ》地ノ東《トウ》北《ホク》艮《ゴン》《ウシトラ》方《ハウ》ニ相《アヒ》當《アタ》ル所也

此島ヲ鬼《オニ》嶋《シマ》ト号ス

無福嶋《ハノツシマ》

無名嶋

何《イヅレ》モ東《トウ》方《バウ》大海ノ中ニ在リ人住《ヂウ》スル事無《ナ》シ紅毛《ヲランダ》蠻《バン》舶《ハク》等《トウ》ノ往《ワウ》来《ライ》ノ時船《フネ》ヲ寄《ヨセ》テ水ヲ取《トル》事アリトゾ又

珊瑚嶋《サンゴ》

日本東南海千餘里ニ在リ海中多ク珊《サン》瑚《コ》樹《ジユ》ヲ生《シヤウ》ス

ト云風《フウ》波《ハ》極《キハ》メテ暴《ボウ》洪《コウ》ナルガ故ニ人到《イタ》ル事ヲ不得《エ》トゾ

已上ノ數《ス》國總《ソウ》名《メウ》ヲ亞《ア》墨《メ》利《リ》加《カ》ト云南北ニ分《ワカ》レリ圖《ヅ》ヲ

推《オシ》テ方角《ハウカク》ヲ云トキハ日本ノ東方ニ在ト云𪜈地理《リ》形《ケウ》勢《セイ》ノ子《シ》細《サイ》ヲ窮《キハ》ムルトキハ皆《ミナ》此ノ地ハ西方ニ屬《ソク》スル者也然《シカ》ル時ハ東方ノ最初《サイショ》ハ日本國也

墨《メ》瓦《カ》臘《ラ》尼《ニ》加《カ》

南《ナン》方《ハウ》ノ大洲《シウ》ナリ南極《ナンキヨク》ノ下ニ至《イタ》リテ其地廣《クハウ》大《タイ》也其奥《オク》通《ツウ》路《ロ》ナキ故ニ國ノ有《ウ》無《ム》ノ事不《ス》詳咬《カ》𠺕《ラ》吧《ハ》等《トウ》ノ海《カイ》邊《ヘン》ニ近《チカ》キ所ニ蠻《バン》戎《ジウ》ノ輩往來シテ開《ヒラ》キシ所モ有《アリ》ト見《ミ》ヘタリ紅《ヲ》

毛人《ラフツヒン》モ開《ヒラ》キ領《レツ》セシ所《トコロ》有《アリ》ト云ノウバギ子ヤノウハヲランタ何《イツ》レモ墨《メ》瓦《カ》臘《ラ》尼《ニ》ノ海《カイ》邊《ヘン》ヲ開《ヒラ》キタル國《クニ》ナリ其《ノ》外《ホカ》ハ不《ス》詳《ツマビラカナラ》後世ニ及《オヨビ》テ漸《ゼンゼン》ニ可《ベキ》知《シル》トキアラン歟《カ》

已上韃《ダツ》靼《タン》國《コク》ヨリ以下ノ數《ス》國《コク》何《イツ》レモ夷《イ》蠻《ハン》ノ國ニテ横《ヨコ》文《モン》字《ジ》又ハ無《ム》文字ノ國也人《ジン》物《ブツ》モ各《オノオノ》不同或《ハ》天《テン》竺人《ヂクジン》ニ似《ニ》或《ハ》紅毛《ヲランダ》人《ヒト》ニ類《ルイ》シ又ハ他《タ》類《ルイ》ナク一種《シユ》ノ人物モアリ準《ナゾラヘ》テ可《ベシ》知《シル》之

右ノ外夷《ヱビス》ノ諸國日本ニハ往来《ワウライ》無之ト云𪜈紅毛天竺ノ或ハ唐人《タウジン》ノ説話《セハ》聞《キヽ》傳《ツタ》フル處ヲ以テ記《シルス》之者ナリ世界《セカイ》萬國《ハンコク》悉《コトヽク》ハ不《ス》能《アタハ》識《シルコト》只其ノ大略《タイリヤク》巳《ノミ》而

併記

大海ノ中ニ奇《キ》怪《クワイ》ノ生類《シヤウルイ》甚《タ》多シ如《コト》獸《キケタモノ》者《モノ》アリ如《キ》人ノ者《モノ》アリ異魚《イギヨ》ノ類《タグヒ》不《ス》可《ベカラ》勝計《シヤウケイス》其ノ内異國《イコク》人《ジン》ノ説話《セハ》ニ聞《キヽ》傳《ツタ》フル者麁《アラヽ》記《シルス》之兒《レ》童《トウ》ノ啼《ナキ》ヲ止《トヽ》ムルガ為《タメ》ニス

大魚《ギヨ》アリ長《タケ》十四五丈《チヤウ》廣《ヒロサ》一丈二三尺目《メ》ノ大サ三尺腹《ハラ》ノ下《シタ》ニ口《クチ》アリ闊《ヒロ》サ七八尺齒《ハ》ノ徑《ワタ》リ一尺許《ハカリ》ナル者三千十枚《マイ》許《ハカリアリ》也此ノ魚《ウヲ》大海ヨリ陸《リク》地《チ》近ク到《イタ》ルトキハ必ス大風《フウ》起《オコ》ルト云○又大魚身《ミ》ノ長《タケ》二三十丈頭《カシラ》ニ大キナル穴《アナ》二ツアリ此ノ穴ヨリ水ヲ吐《ハキ》出《イダ》スニ河《カハ》ノ如ク強《ツヨ》シ大洋《ヤウ》ヲ渡《ワタ》ル大船《セン》ニ遇《アフ》トキハ則《スナハチ》其ノ首《カシラ》ヲ揚《アゲ》テ水ヲ船中ニ吐《ハキ》入《イル》暫《サン》時《ジ》ニ水滿《ミチ》テ船《フネ》沈沒《ボツ》ス此ノ故ニ船此ノ魚ニ遇《ア》フト

キハ酒《サケ》ヲ樽《タル》ニ入テ海中ニ投入《ナゲイル》レハ是ヲ呑《ノミ》テ去レリ偶《タマ〳〵》淺《アサ》キ處ニ漂《タヾヨ》ヒ到《イタ》ル事有《アル》トキ人是ヲ殺《コロ》シテ油《アブラ》ヲ煎《ヒ》ズルト云○又大魚アリ長《タケ》二十四五丈名《ナ》ヲ仁魚《ニンギヨ》ト号《カウ》ス船ヲ損《ソン》ジ或ハ誤《アヤマツ》テ海中ニ没溺《ボツデキ》セントスルトキ此ノ魚偶遇《タマ〳〵アフ》之《コレニ》則《トキハ》能ク人ヲ保護《ホウゴ》シテ助《タス》クル事アリ或ハ漁《ギヨ》人《ジン》等《トウ》惡魚《アクギヨ》ノ爲《タメ》ニ困《クルシ》メラルヽニ此魚ノ輙《タヤスク》往《ユキ》テ惡魚ヲ追退《オヒシリゾ》クトゾ此ノ故ニ其ノ邊《ヘン》ノ諸國此ノ魚ヲ捕《トル》事ヲ太ニ禁《キン》ズルノ

法《ハフ》也ト云〇又一ツ魚アリ其ノ觜《クチハシ》ノ長キ事一丈齒《ハ》ハ鋸《ノコギリ》ノ如ク力《チカラ》強《ツヨ》ク猛《タケ》シ諸《モロ〳〵》ノ大魚ト戰《タヽカフ》テ必ス勝《カツ》此ノ時海水紅《クレナヰ》ナリ偶《タマ〳〵》此ノ魚以《テ》觜《クチハシヲ》往来ノ船《フネ》ニ觸《フル》レハ船則破ル諸《シヨ》舶甚ダ是ヲ畏《オソ》ル〇又一ツ魚アリ其ノ大サ數《ス》十丈力《チカラ》甚ダ強《ツヨ》シ船《フネ》ニ遇《アフ》フ時ハ首《シユ》尾《ビ》ヲ以テ船ノ兩頭《リヤウトウ》ヲ抱《イダ》ク是ヲ擊《ウタ》ントシテ船中動《ドウ》スルトキハ舟《フネ》即《チ》覆《クツガヘ》ル是等《ラ》ノ事有《アル》ヲ以テ洋《ヤウ》沖《チウ》ニテハ時《トキ〳〵》ニ大鳥銃《イシビヤ》ヲ放《ハナツ》テ海魚ヲ驚《オドカ》ストキハ船

ヲ避《サル》トゾ○又薄《ホ》里《リ》波《ハ》ト云魚アリ長《ナガ》サ一丈許《バカリ》其身體《タイ》水《スイ》晶《シヤウ》ノ如クニシテ其色《イロ》物《モノ》ニ隨《シタガツ》テ變《ヘン》ズ附《ツク》石《イシニ》則《トキハ》石ノ色ナリ附《ツク》土《ツチニ》則《トキハ》土ノ色ナリ○又魚アリ二丈許《バカリ》尾《ヲ》長ク鱗《リン》甲《カツ》ノ堅《カタ》キ事無類《ルイ》鑓《ヤリ》ニテ突《ツキ》テ不徹《トヲラ》刀モ矢《ヤ》モ不立《タヽ》足ニ鋭《ト》キ爪《ツメ》アリ鋸《ノコギリ》ノ如ナル齒《ハ》滿《ミテリ》口ニ其性《シヤウ》甚猛《タケウ》惡《アク》ナリ海中ニテハ食魚陸《ヲクガ》ニ登《ノボリ》テ獸《ケダモノ》ヲ食ヒ又人ヲ食フ只《タヾ》其行《ユク》遲《ヲソ》シ諸魚皆避《サク》之ヲ小魚ハ無食故《コト》ニ小魚數《ス》百種《シユ》常ニ此

華夷通商考卷之三　二十一

魚ニ隨《シタガツ》テ他《タ》ノ魚ニ呑食《ドンシキ》セラルヽ事ヲ避《サ》クル子ヲ生ズルニハ大サ鵝《ガ》ノ卵《タマコ》ノ如クナルヲ產《サン》ス陸《クガ》ニ登《ノホ》ルトキ涎《ヨダレ》ヲ地ニ吐《ハ》ク人《ヒト》畜《チク》共ニ踐《フム》之則仆《タヲ》ル因《ヨツ》テ忽ニ食《フ》之《ヲ》人見之テ走《ハシ》レバ必逐テ食《フ》之《ヲ》人反《カヘツ》テ逐《オフ》之《ヲ》トキハ魚又逃《ノカレ》走《ハシ》ル見《テ》人《ヲ》遠《トヲ》キトキハ啼哭《テイコク》ス近《チカキ》則《トキハ》食《フ》之此《ノ》魚ヲラガルトヽ云一身《ミ》皆《ミナ》鱗《リン》甲《カフ》ナリト云𪜈唯《タヽ》腹《ハラ》ノ下《シタ》ニ少《シ》軟《ヤハラ》カナル處アリ二尺許《バカリ》ナル魚有《アツ》テラガルトノ腹《フク》下《カ》ヲ刺《サシ》テ殺《コロ》ス魚アリ又陸《クガ》ニ

鼠《ネズミ》ノ如キ大サ猫子《ネコノコ》ノ如ナル者泥《デイ》ヲ身ニ塗《スリ》テラガルトノ陸《クガ》ニテ口《クチ》ヲ開《ヒラク》ヲ窺《ウカヾ》ツテ忽《チ》ニ腹中《フクチウ》ニ飛《トビ》入テ其ノ五臓《ゴザウ》ヲ嚙《カミ》テ出《イツ》レバ此ノ魚則《チ》死ス又雑腹蘭《サフフクラン》ト云草ヲ植《ウヘ》タル處ニハ此ノ魚不到《イタラ》ト云○又落斯馬《ラレサ》ト云魚長《タケ》四丈許《ハカリ》ニシテ短《ミシカ》キ足《アシ》アリ海底《カイテイ》ニ居《イ》テ罕ニ水面《メン》ニ出《イツ》其ノ皮《ヒ》鱗《リン》ノ堅《カタ》キ事刀《タウ》劔《ケン》モ不入《イラ》其ノ額《ヒタイ》ニ兩角《カク》アリ鈎《ツイバリ》ノ如シ礒《イソ》ニ登《ノボリ》テ寢《ネム》ルトキハ角《ツノ》ヲ岸《カン》石《セキ》ニ掛《カケ》テ終日《シウジツ》ニモ醒《サム》ル事ナシト

云是ハ魚《キヨ》類《ルイ》ニハ非《アラ》ズ海中ノ獸《ケダモノ》ト云リ此《ノ》類《ルイ》甚《タ》多ト也
○又有《リ》海《カイ》獸《シウ》一足《ソク》一手《シユ》船《フ子》ニ遇《アフ》トキハ船ニ附《ツキ》テ顛《テン》倒《タウ》搖《ヨウ》
動《ドウ》セシム多ク没《ボツ》溺《デキ》ニ遭《アフ》モノアリ冣取多《タ》力《リキ》猛《マウ》惡《アク》ナル者也
海舶《ハク》是ヲ海《カイ》魔《マ》ト号ス○又有《リ》海獸其《ノ》形《カタチ》四方《ハウ》ニシテ
有《リ》翼《ツハサ》大サ如《シ》島能《ヨク》其《ノ》翼《ツハサ》ヲ鼓《タヽキ》シテ大風《フウ》ヲ擧《ケ》船《フ子》ヲ覆《クツカヘ》
ス舟人甚《タ》畏《オソ》ル海魚海獸ニハ甚《タ》大ナル者アリ背《ハイ》上《シヤウ》ニ
貝《カイノ》類《ルイ》藻《モ》苔《コケ》ヲ生ズ或《ル》時誤《アヤマツ》テ嶋《シマ》トシテ船ヲ著《ツケ》テ登《ノボ》リ

遊《アソ》フ事半時《ハンジ》バカリニシテ船ニ歸《カヘ》ル既《スデ》ニ舟ヲ出シテ忽《タチマチ》ニ大聲《コヘ》ヲ水中ニ起《オコ》スヲ聞顧視《キヽカヘリミ》レハ其篤已《スデ》ニ没《ボツ》シテ無ト云〇又飛魚《ヒギヨ》アリ長《タケ》一尺許《バカリ》鳥《トリ》ノ如クニ水面《スイメン》ヲ飛行《ヒギヤウ》ス又一大魚飛魚ノ影《カゲ》ヲ窺《ウカヽフ》テ其行方《ユキカタ》ヲ伺《ウカヽ》ヒテ飛魚ノ先《サキ》ニ至テ口《クチ》ヲ開《ヒラキ》テ喰《クラハ》ントス如此《カクノ》シテ常《ツネ》ニ相追《アヒオフ》テ數《ス》十里ニ到《イタ》ル過《アツ》船トキハ飛魚急《キフ》ニ船《フネ》ニ飛《トビ》登《ノボ》ル舟人《シウジン》得《ウル》之《ヲ》〇又介甲《カイカフ》ノ類《タグイ》ノ魚甚《ハナハダ》多《オホ》シ魚《ウヲ》僅《ワヅカ》ニ一尺許《バカリ》甲穀《カウコク》アリテ不定

也足《アシ》ニ有《アリ》皮《カハ》他《タ》ニ行《ユク》トキハ甲《カフ》殻《コク》ヲ舟《フネ》トシ足《アシ》ノ皮《カハ》ヲ帆《ホ》トシテ風《カゼ》ニ随《シタガフ》テ行《ユク》是《コレ》ヲ航《カウ》魚《ギヨ》ト号《ガウ》スト云〇又有《アリ》蟹《カニ》大サ一丈餘《チヤウヨ》其ノ螯《ハサミアレ》人《ヒト》ノ首《カシラ》又ハ手《テ》足《アシ》ヲ箝《ハサ》ムトキハ立《タチトコロ》ニ断《タ》ツ其ノ甲《カフ》殻《コク》ヲ以テ地上ニ覆《ホフ》トキハ如《ク》屋《イヘノ》ニシテ人ヲ臥《フサ》シムト云

〇又有《アリ》魚海《カイ》女《ニヨ》ト号《ガウ》ス半《ハン》身《シン》已上ハ直《ギ》ニ女人ニシテ半《ハン》身《シン》以下ハ魚《ギヨ》體《タイ》ナリ其ノ骨《ホネ》功《コウ》能《ノウ》アリ下《ゲ》血《ケツ》ヲ止《ヤム》ル妙《メウ》薬《ヤク》ナリ世ニ人《ジン》魚《ギヨ》ト云者《モノ》歟《カ》蠻《バン》語《ゴ》ニテペイシムレルト云者《モノ》也

トゾ又海馬《ハ》トテ馬《ムマ》ニ似《ニ》タル魚アリ其骨ヲ誤《アヤマリ》テペイシム
レルトスト云(　)又海中ニ有人是ヲ海人《カイレン》ト号ス是ニ二種《シユ》
アリ其一ツハ全體《センタイ》皆《ミナ》人《ヒト》ニシテ頭髮《トウハツ》鬚眉《シユビ》悉《コトヽク》具《ソナハ》リ惟《タヽ》
手足《シユソク》ノ指《ユビ》水鳥《テウ》ノ如ク相連《アヒツラナ》ツテ水カキアリ何《イツ》レノ國ニ
テ歟《カ》是ヲ捕《トリ》テ國王《ワウ》ニ獻《ケン》ズ是ニ言《モノイ》ヘドモ不應《ヲウセ》飮食《イン》ヲ與《アタ》
ユルニ不食《クラハ》終《ツイ》ニ押《ナル》ベカラズトシテ本ノ海ニ放《ハナ》ツ盼顧《ヘンコ》シテ
人ヲ視《ミ》テ掌《タナゴヽロ》ヲ鼓《ウチ》大笑《セウ》シテ沒《ボツ》シ去《サツ》テ復《マタ》不見《ミヘ》是《コレ》一種《シユ》

ナリ又海人《カイジン》アリ總身《ソウシン》ニ肉《ニク》ノ皮《カハ》有《アツ》テ下《シモ》ニ垂《タレ》テ袴《ハカマ》ヲ著《キ》タルガ如ク身體《シンタイ》ニ附《ツイ》テ生《シヤウ》ジタルモノニテ離《ハナ》ル、事無《ナ》シ其餘《ヨ》ハ皆《ミナ》人體《ジンタイ》也陸地《リクチ》ニ登《ノボリ》テ數日《スジツ》ニテモ不《ス》死《シセ》ト云已上二種《シユ》共《トモ》ニ海中《カイチウ》ニ在《アリ》ト云𪜈常《ツネ》ニ何《イツレ》ノ所ニ在《アリ》ト云事ヲ不知《シラ》又女人《ニヨニン》モ有《アリ》ト云最《モツトモ》人《ヒト》ニ似《ニ》テ人ニ非《アラ》ズ海獸《カイシウ》ノ類《タグヒ》ナル者《モノ》歟《カ》

右ノ外《ホカ》昔日《ムカシ》異《イ》國《コク》ノ說《セ》話《ハ》所聞《キク》多《ヲホ》ト云𪜈今《イマ》遺《イ》忘《ボウ》

セリ偶《タマ〳〵》記《キ》臆《オク》ニアル者ヲ以《テ》書《シヨ》記《キ》セシ者也

寶永五戊子年三月穀旦

寺町五條上ル町

書林

梅村弥右衛門

古河三郎兵衛

仝刻

増補華夷通商考巻之五 終

華夷通商考巻之五